Puzz

```
S  T  N  E  M  N  G  I  A  R  R  A  H  N  V
B  Y  D  Y  J  S  G  Y  T  H  C  R  U  L  S
C  L  A  E  S  E  O  N  T  S  N  S  U  C  Y
G  R  O  R  K  T  C  U  I  R  T  A  Q  S  X
G  A  A  U  R  R  A  N  R  P  E  L  R  H  H
J  U  U  B  S  A  A  P  E  P  I  P  I  I  L
F  A  E  C  B  I  V  M  D  T  U  S  O  T  P
K  E  P  S  H  I  N  W  K  H  S  S  S  R  S
Q  M  K  H  S  E  E  G  E  O  H  I  S  O  P
W  R  Y  Y  G  E  R  R  U  S  O  F  X  I  G
Q  S  G  N  I  M  R  O  F  N  I  B  N  E  T
Q  M  E  K  O  R  T  S  Y  E  K  T  J  M  Y
L  E  A  N  N  E  S  S  D  G  R  E  R  A  Z
M  A  G  N  E  T  I  Z  A  T  I  O  N  O  R
Y  L  S  U  O  L  E  V  R  A  M  P  J  G  M
```

ARRAIGNMENTS	GOSSIPING	MORTISE
ARRAYS	GUESSERS	PATSY
ATTIRED	INFORMING	PIRANHA
BLOUSING	KEYSTROKE	PROPERTY
BOOKMARKED	LEANNESS	SOURPUSS
CRABBIER	LURCH	STILTS
EXISTENCE	MAGNETIZATION	MARVELOUSLY

Puzzle #2

```
S Y T I L I B A C I L P P A C
D M G G D I S C O M F O R T S
F E U N N E S E I T E I P M I
A L T B I I M T A O C R E V O
C O A R L N P O P E L V E S R
T E C K O A R M T D B A S H E
I L T C I S Q O I E O M U B H
T B O A U N S M C R D J B U A
I U I O E P G A N W C L L L B
O H Y H H M A P I T C H E D B
U E F N A C R N F N P D T L E
S M H Y S S S E T J H E T N D
R E G A N A T E P S D T I O Y
Q U A N T I T Y R H V B N Y W
M O X R Y J E Z V P A B G J F
```

ALBUMS	IMPIETIES	QUANTITY
APPLICABILITY	LAKING	REHABBED
ASSORTED	OCCUPANTS	SAHIB
CORNING	OVERCOAT	SUBLETTING
CRIMPING	PELVES	TANAGER
DEMOTED	PERMEATE	PRESCHOOL
DISCOMFORTS	PITCHED	FACTITIOUS

Puzzle #3

```
B O L L E D T S E I N W O R B
C R U C I F I X C U R B E D I
S E N F O R C E R S H B W V S
G E S E L G N I B O L G E D T
T N N E T A P Y R S B X T M H
D N I I T A C L R E P R T X M
U E E T V A L C U E T I E X I
K X F I I I R U I R D T R P Z
F M S F T R D U S D A U I T O
Y L U T U A W C G N P L R S L
K L W L T T P D X U I A S P Z
S R E V A H S T N X A F Z E T
S E G O O T S W U A F N G B P
V A R I A T E R Y O H W I A B
L D Q D L V H D L D S L S P Z
```

BOLLED	HANDWRITING	SITTER
BROWNIEST	INAUGURATES	STOOGES
CRUCIFIX	INSULATE	STUFFED
CURBED	ISTHMI	TRIPS
DIVINES	OUTPATIENT	VARIATE
ENFORCERS	PLURALS	WETTER
FLACCID	PRUDERY	SHAVERS

Puzzle #4

```
A S B S Y E L H M V N F P R S
S S N E K H A E W E K I A I O
M N T A A A C T D V L T S N C
P S A O E T O U E G W T I G K
M U I I U B E R D R E E I I I
O R K N R N X R C W I R Y N N
N O B O O A D W X O S E E G G
O O E W O D T S O D X K S D X
L F I A O H E I P E P P I E R
I T M E T X H H L J H F C N Q
T O M S I R A I G A L P X V D
H P L I G H T I N G G V I P D
S S C R I B B L E R S E T Y I
O V E R P R I N T I N G K D S
P U N C T I L I O U S D K R P
```

ASTOUND   HEDONISM   PLIGHTING
BEANS   HOOKUP   PUNCTILIOUS
BEATER   LEDGERED   RINGING
CROAKS   MELTING   ROOFTOPS
DUCHY   MONOLITHS   SCRIBBLERS
EATERIES   OVERPRINTING   SOCKING
EGALITARIANS   PEPPIER   PLAGIARISM

Puzzle #5

```
M S D R E I K S U D O D T M R
F O T E E S H P P R N P O E A
S O O N B L R A R D I C U M I
M E N R A R B E I W G C G O N
B E T D R R U B T S K B H R M
V D T A I A B C A R S N L I A
F K J H N N B E G D O E Y Z K
K U N F O G G S L H E P M A E
E L B A S U E R N E A V M T R
T E R M I N G R E A C J V I E
Y R E S R U N H P I P F U O J
S P R A I N S R T M P M K N U
Q U I N T E T T E H I P A H D
R E R E A D I N G E M R O S U
S R E K N I H T U B Z C W S F
```

BARROOM	MEMORIZATION	SOPPIER
CELEBRANTS	MESSIAH	SPRAINS
CURBED	METHOUGHT	TERMING
DABBLER	NURSERY	THINKERS
DUSKIER	QUINTETTE	TOUGHLY
FONDING	RAINMAKER	USABLE
IMPORTERS	REREADING	IMPREGNATES

Puzzle #6

```
B I N O C U L A R K K U E D M
D E I G H T E Z I N O I N E A
S O L Q N S S W P B C S H M L
L T W L O I E T X U M R A A A
O I N E I B T L N Q O A N N I
P D R E L M S A L I A F C D S
P K Z R L E W E I O T B E I E
Y K D L M A D A R T U S R N U
C J K K L W V W S V A T L G T
K K T S I N O I S S E R P X E
S A M D N A R G U I Y R G E O
J A L O U S I E A Q N D S N S
K O W T O W I N G W E I H C I
D E H S I R E V O P M I U T F
O V E R T U R N S D P O R U H
```

BINOCULAR
CAMBIA
DEMANDING
DOWELED
EIGHT
ENHANCER
EQUIVALENTS

GRANDMAS
IMPOVERISHED
INGRATIATING
IONIZE
JALOUSIE
KOWTOWING
MALAISE

OVERTURNS
SAWMILL
SELLOUT
SLOPPY
STINTS
OBSERVERS
EXPRESSIONIST

Puzzle #7

```
A L C O V E S E M A N E R O F
T V O A I R E H T H P I D H J
T S N S F D G R R J H S H E A
R N C O U A R A E L J L R Z
I R E F I O L T E F V R B E Z
B E I M A T I S A Y N E U B Y
U T V T P T A T I N H A N Y T
T A E U H A H N A T I O F S Z
A I S U V G R E R T Y C U S Y
B N Z I C S I T R E U M S N S
L F D R Q H E S N H T P L A D
E Z I L A N E P D E O S S E F
S S E N I K O O K N G O N I V
T R E C L A S S I F I E D O D
S I D E B A R X Q O P H J V C
```

ALCOVES
ATTRIBUTABLE
CONCEIVES
CONSTERNATION
DIPHTHERIA
DISPUTATIOUS
ENTRAPMENT

FANFARE
FASCINATED
FATHERHOOD
FORENAME
GREYHOUND
HEREBY
HINDSIGHT

KOOKINESS
NEVER
PENALIZE
RECLASSIFIED
RETAIN
SIDEBAR
FALSITY

Puzzle #8

```
A B L I N D E D W E D N S P V
P L A C I N A T O B I Z S I W
P D D Z R E N R E T S A E A H
O L E E R O L P X E A A H N S
I Y O T T C M A K V B L N O K
N S L B A A D G C O I O Z F C
T D P D M C U D N A L E M O H
I R J A N A I T A B I O U R J
N G H S E I G D C D T N O T A
G O K M V L K F E E Y Q A E M
L A N D S L I D E D F G W M J
Y L S S E L T L U A F F L P U
M A T R O N Z S S A P R E V O
L A N O I T O N D L K Z R N H
P H O T O G R A P H E D L Q N
```

APPOINTING	FAULTLESSLY	NOTIONAL
BLINDED	GAMBOL	OVERPASS
BOTANICAL	HOMELAND	PHOTOGRAPHED
DEDICATED	KINDLY	PIANOFORTE
DISABILITY	LANDSLIDE	MATRON
EASTERNER	LEAPS	EXPLORE
EFFECTUATED	MANIACAL	

Puzzle #9

```
T  N  A  G  O  R  R  A  X  F  Z  C  C  C  F
G  F  E  D  E  T  E  R  A  L  C  O  O  O  R
S  N  R  G  G  N  T  I  S  A  E  N  N  R  E
T  S  I  O  D  R  P  D  S  G  L  T  S  P  S
T  H  E  P  N  U  A  U  L  S  E  R  T  O  H
O  A  G  N  I  T  F  T  B  H  O  I  R  R  E
Z  N  R  I  L  L  A  Y  E  I  B  B  I  A  N
J  D  N  Y  N  U  L  L  B  P  C  U  C  T  E
H  Y  N  A  G  K  F  I  F  O  M  T  T  I  D
G  Y  P  S  I  E  S  T  F  W  J  I  I  O  U
Q  H  E  L  P  M  A  T  E  S  Z  N  N  N  G
N  R  O  B  N  U  I  T  U  G  Y  G  G  S  C
S  T  I  N  G  E  R  S  Y  B  R  W  J  Z  U
S  L  T  E  J  H  W  J  M  W  E  O  F  T  K
S  I  D  E  S  T  R  O  K  I  N  G  F  Z  Z
```

ARROGANT	FORGETFULNESS	PUBIC
BOSSIER	FRESHENED	SHANDY
CLARETED	FRONTAL	SIDESTROKING
CONSTRICTING	FUDGE	SIMIAN
CONTRIBUTING	GRATE	STINGERS
CORPORATIONS	GYPSIES	UNBORN
FILLIPING	HELPMATES	KNIGHT

Puzzle #10

```
G K R O W Y D O B Z C L A D E
S N E F I I E E J T A E Q A V
D E I N Y T L F H P N C H N E
S R L N U K U M I C O C E G N
N P I C O M D X D R N U T E T
A E C B N K E X E W I A E R U
R N K M L U C R C H C E R S A
L U H S P E B E A D A P O B L
E D E R R A T R B T L J G H L
D F A C I L I T A T E D E D Y
E C L I P S I N G C R G N V Z
I N S E C T I V O R E X E G V
S E T A N I M E S N I P I K K
I S L A N D S W K Z J D T Q X
L I A B I L I T I E S O Y O W
```

BECKONING
BODYWORK
BRANCHED
CANONICAL
CARBUNCLES
DANGERS

ECLIPSING
ENUMERATE
EVENTUALLY
FACILITATED
HETEROGENEITY
INSECTIVORE
DELUDE

LIABILITIES
SNARLED
TARRED
ISLANDS
DRIBLET
INSEMINATES

Puzzle #11

```
A S S E R T I V E A S T E R S
S T N E M E V A E R E B C P C
Y C O N T R A V E N E Y R E R
D L D O C T O R A T E S U R I
L E I E H A N D B O O K S S P
M A R K L O R D I N G V H O T
S O N R C O R E K C A P E N U
S L R O E O A S U R F E D I R
X N I T I T C G T J R G U F E
A A E D S T N X A O R X O I S
N L G R E L C I N D R I R E P
L Z M G W S E N S Q T A U S Y
R E U N I O N A U I K F G V F
W L X L J K Q O M F D U D E C
G N I P P U C C I H D J A J H
```

ASSERTIVE
ASTERS
BEREAVEMENTS
COCKILY
CONTRAVENE
CRUSHED
DISINTERRED

FUNCTIONAL
GAOLED
HANDBOOK
HICCUPPING
LORDING
MAELSTROM
PACKER

REUNION
SCRIPTURES
SLIDES
STORAGE
SURFED
WRENS
PERSONIFIES

Puzzle #12

```
A A N L W H R B B B I L N N P
P C D O G F D O E R N U O O T
O C C H T J I H D A T M M N A
S N H R E A B T T S E P E V R
T C W I U R B O I S R I N I M
O Y I O R A E N M E N E C O I
L R F R D O L D E S S S L L G
I S V I E T P S Q O H T A E A
C R I F R L N O H A I T T N N
H O H N H T C U D O P G U C L
Q F T O G E C X O I G L R E G
J O U S T E D E T C S U E F X
H X G G D J R U L Q K T N N W
S E S S E N R A H E E T B S E
E L L I P T I C A L L Y D B O
```

ACCRUAL
ADHERED
APOSTOLIC
BATON
BEDTIME
BRASSES
CHIROPODIST

COUNTDOWN
ELECTRIFY
ELLIPTICALLY
HARNESSES
INTERNSHIP
JOUSTED
LUMPIEST

NONVIOLENCE
PTARMIGAN
SHOGUNS
SINGER
NOMENCLATURE
CLERICS

Puzzle #13

```
S E R E T I R W Y P O C C F H
E R C E S E H S I F G O D E U
N M U N D R O N I N G N Y R M
T E E A E L E P J G E C W M E
R A M H T C O S E L L E L E R
S J W O P N A F U T T P H N U
B E H B E R E L Z A R T B T S
T A L T Z Y O C P R P I V A G
D E L I R I U M S M G O F O H
D I S C L A I M E R O N N Y H
N O I T A T L U X E I C I E M
S L O O T S T O O F D S X R M
D E K C E P N E H K X D O E U
D E T A V O N N I B T M G P C
I R R E D E E M A B L E S D R
```

CENTAURS
COMPLACENCE
CONCEPTION
COPYWRITER
DELIRIUMS
DISCLAIMER
DOGFISHES

EXULTATION
FERMENT
FOLDER
FOOTSTOOLS
HENPECKED
HUMERUS
INNOVATED

MENOPAUSE
MORPHEME
PETRIFY
YEOMEN
IRREDEEMABLES
DRONING

Puzzle #14

```
D E T A R E B E X T E N D S P
G N I R R I T S E B F U N D S
N A I G E L L O C N N A R I N
G N I T R O S N O C E Z T N A
D D E C N A R B M U C N E S T
L E Y X Y X S N A B O B S T U
O I P N T L O E S U T O B A R
N E A E A E F B L T A P L N A
L K C N N M N F E O R A C T L
I F K N R D I T U C S O V A I
E J N C O E E C W R I N T N S
S K H K J C G N S X G R I E T
T H Z H O I S N C I G D X O I
S E S O P R U P I Y S X H U D
S T A R C H Y K G F U L K S X
```

BERATED
BESTIRRING
COLLEGIAN
CONSORTING
DEPENDENCY
DYNAMICS
ENCUMBRANCE

EXTENT
FINGERNAIL
FUNDS
GRUFFLY
ICEBOX
INSOLES
INSTANTANEOUS

NATURALIST
ONLIEST
PURPOSES
SCONCE
STARCHY
TORTS
NABOBS

Puzzle #15

```
B E N I G H T E D S Q R G D D
L C I T R A H T A C K D S Q E
U C O N D E M N S S H L I B C
E S D U L L E S T F F Y A C I
B G N G H J S I K B C P J C D
E P A G N O A L R E T N A R E
L M E R I I S Y O I E X P I S
L H P Z R S S T W P A W J J L
E P U F Z U N S E A P R G V X
E L K C A T L O A L L E P W X
R E D N O W N O C R S K D U G
T L N Q U N A U U R A R I Z K
S D N A L R E V O S I H M C G
M U I N O T U L P Q L S Y T Z
Y T I V I T C A R E P Y H W R
```

BENIGHTED
BLUEBELL
CALKS
CATHARTIC
CONDEMNS
CONSIGNS
DECIDES

GARRULOUSLY
HARASSING
HOSTELS
HYPERACTIVITY
JAYWALK
OVERLANDS
PLUTONIUM

RANTER
SLOPPED
TACKLE
WONDER
PRAIRIE
DULLEST

Puzzle #16

```
A N T I C I P A T E S D J N Y
S E T A R D Y H O B R A C J K
H G N I R E H P I C D N U R I
O T N D S G Y G R Z R O M S E
R C S I I E N L N E P A R Z L
E C G O Y C S I I I G D N H B
S E P N P A K S T D L A H K A
O G K O A M L I E L O I S K S
Y X Z R P H O E E T O O A S A
G R O I L W R C D S N M M N S
S E S P I L L E O B S A W T R
D D E L U R R E V O Y W I X Q
S T E R C E S O R O V B D G R
O X Y G E N A T I N G W N C V
R E P U D I A T E S I C S V W
```

ANTICIPATES	ELLIPSES	OXYGENATING
ASHORE	GIANTESSES	REPUDIATES
CARBOHYDRATE	KIELBASAS	SAGER
CIPHERING	MOLTING	SECRETS
COMPOST	MOODILY	OVERRULED
CRANKS	NAILING	DICKIES
DELAYING	OVERHANG	

Puzzle #17

```
B  S  T  L  O  B  E  C  N  E  D  A  C  T  A
H  E  Y  F  Q  T  E  A  A  S  O  L  L  E  C
T  P  A  A  B  C  I  T  I  N  G  O  D  G  L
G  E  I  S  W  P  L  W  F  P  V  S  S  R  Q
R  Q  L  L  T  A  O  A  O  O  D  A  R  F  S
O  X  L  C  A  L  E  L  V  X  N  Z  S  I  V
O  W  I  C  R  C  I  K  Y  E  V  D  T  E  B
V  Q  Q  G  A  I  G  E  A  G  N  B  E  Z  D
E  J  U  L  X  V  C  C  S  T  L  D  Z  S  V
G  N  I  K  C  I  L  C  S  T  E  O  E  U  T
R  M  D  S  N  O  I  N  I  M  G  E  T  R  P
Y  M  I  T  I  G  A  T  E  S  X  U  N  S  S
B  E  Z  S  E  L  D  D  U  M  Q  K  X  T  T
W  X  E  G  N  I  C  N  E  M  M  O  C  E  R
U  C  S  G  N  I  S  P  A  L  E  R  W  B  J
```

BEASTLIEST	CITING	MUDDLES
BOLTS	CLICKING	POLYGLOTS
CADENCE	FONDEST	RECOMMENCING
CALIPH	GROOVE	RELAPSING
CANVASED	LAVENDERS	TAKEAWAYS
CATWALK	LIQUIDIZES	MITIGATES
CELLOS	MINIONS	CIRCLET

Puzzle #18

```
A K S I R E T S A R E D N O W
B Y C N S S A R R A B M E X N
H O L E O E N T I C E M E N T
O D C S N C G O D D E S S E S
R S N N S O A E V K I W T O C
N E D U R E T E M E G M B P A
S A T R O O L A D A R B J E R
U E M A O R C H P U D D O N V
D X D E V W G S T H F A A I E
M N Q I T I D X E A G J M N S
A T D E S U T A R H E E K G T
Q P E S M E N O E U T R N S T
U J J U J O R I M H B E B G A
T S E M M I R P M R C A E G M
D E G G A B D N A S I Y V T G
```

ABHOR
ASTERISK
BREATHLESSLY
CENOTAPH
CORNCOB
DEACONS
EMBARRASS

GODDESSES
GROUND
HEADWORDS
MADAME
MINUTEMAN
MOTIVATE
OPENINGS

PRIMMEST
SANDBAGGED
SCARVES
TEETHES
VERDANT
WONDER
PRESIDES

Puzzle #19

```
B  T  G  S  Y  S  S  J  U  D  G  E  X  Q  L
O  L  S  N  N  L  M  E  K  O  B  L  A  T  E
T  V  O  E  I  O  I  U  T  N  G  V  Q  A  V
T  Y  O  U  I  R  I  S  I  N  O  N  A  T  I
L  T  B  W  S  H  E  T  M  N  E  C  I  T  T
I  E  C  I  E  E  T  E  A  U  A  T  K  O  A
N  V  G  Z  J  L  D  A  N  R  L  R  E  O  T
G  P  R  E  T  E  N  S  E  A  T  C  C  D  E
M  O  T  L  E  Y  E  R  X  R  C  S  S  K  S
C  U  S  T  O  M  I  Z  E  D  B  C  A  X  I
I  N  S  O  U  C  I  A  N  T  Y  E  U  C  H
S  F  O  O  R  P  T  S  U  R  P  R  V  B  Z
S  C  R  A  G  G  L  I  E  R  S  L  B  U  T
S  T  A  P  L  E  G  N  I  N  A  W  G  G  Z
W  W  P  O  T  N  T  G  J  V  K  C  I  H  X
```

BLOUSED	DETENTES	RUSTPROOFS
BOTTLING	INSOUCIANT	SCRAGGLIER
BREATHIEST	JUDGE	STAPLE
BUCCANEERING	KNOCK	TATTOO
CASTRATIONS	LEVITATE	VOWEL
CLUMSILY	MOTLEYER	WANING
CRANIUMS	OBLATE	PRETENSE

Puzzle #20

```
E T A U T N E C C A B Z X B R
H M D S N E S R A O C L Y L X
O B M R N O T E L E K S E X A
S E I K O M S D G N B M A E L
T M R X A T U I N C L O S E P
A U E F X G C T Z R S Q P M O
G X U D E M A E R D Y A D I R
E N W O R H T D L P A V S S T
R O T A G I M U F F E S H B R
X E M A N C I P A T E S I E A
G N I P O L E V N E T D P H I
H O M E O W N E R S Z E P A T
I N S T A L M E N T R Q I V I
S E B I R C S O R P Q B N E S
G N I H T E E S I G N K G D T
```

ACCENTUATE	ENVELOPING	PROSCRIBES
ADMIRE	FUMIGATOR	SEETHING
BLEEP	HOMEOWNERS	SHIPPING
COARSENS	HOSTAGE	SKELETON
CREDITED	INCLOSE	SMOKIES
DAYDREAMED	INSTALMENT	THROWN
DEFLECTOR	MISBEHAVED	PORTRAITIST

Puzzle #21

```
B L A N D L Y B X L U F F P R
S A E P K C I H C H Z A O L E
D R A W S T R I N G S I U A A
E H U M P I N G C C E R N C S
E T V E S G K H I J R S D A S
S C A S S E N I K S U H E R E
P E N T D S N T S N U P R D S
Y O I A I E I U N S N T F E S
A T O R T S T O T F I I U D I
F K T C R R E E N R S N Y L N
M M S G S A O H L N O H G B G
T I P S Y T C P S O O P J Q K
M U F F L E R S M K S C M C K
S H R I K E S G I I D B P I S
S L O B B E R W M M K P O X W
```

BLANDLY

CHICKPEAS

CONNOISSEURS

DRAWSTRINGS

FAIRS

FOUNDER

HESITATE

HUSKINESS

IMPORTANCE

IMPORTUNES

KISSING

MISCARRIES

MUFFLERS

OBSOLETED

REASSESSING

SCOOP

SHRIKES

SLOBBER

TIPSY

PLACARDED

HUMPING

Puzzle #22

```
A Q U A C U L T U R E D R E W
B N C H U R L I S H A V B R O
S A E L E G A N T R R E P F F
R W G T S N P I M E N T O S X
I E O E T G G A R R I S O N S
R K I L L I N B K E N P X I R
R A K D L H B I F I G Z R N E
A Z L D E A W T R S R L E D M
T U C P U E F H U R W P V R A
I M N D O C R E E T E N A E R
O P H H A P O G Y X O H L P K
N Z T U B B I K X J Q R U Q S
A M I S S T E P P E D M I Z D
L P H I L A N D E R E R N A I
P S Y C H O P A T H S K G V L
```

AQUACULTURE
BAGEL
BITTEN
CHURLISH
EARNING
ELEGANT
FALLOWS

GREEDIER
HERRINGS
IRRATIONAL
KIBBUTZ
MISSTEPPED
PAPRIKA
PHILANDERER

POPLAR
PSYCHOPATHS
REDREW
REMARKS
REVALUING
TUTORIAL
PIMENTOS

Puzzle #23

```
A D O T S R U B C C F I R S W
P N L G T T D Z O O O N E E E
P I I O N F S O A R R P F X D
R L N H F I B C C P G U U I D
O Y U W C L B K H U E T S E E
V Y I F A I L Q E L S S A S R
I C A N D R G I T E D S L T Z
N C A L S N D R B N W H I T E
G H Q L T T I S D C P S I R E
L M C Y B U A M L E U P B Q W
Y G A S T R O N O M Y Y M Z D
J V D E G R A H C R E V O Y Q
Q S T U N O I T C I D E R P V
T R O P S N A R T I N M D D C
T W I R L I N G K J U G C V D
```

APPROVINGLY	GASTRONOMY	REFUSAL
BILLFOLD	INPUTS	SEXIEST
BINGO	INSTANCING	TRANSPORT
BURST	INWARDS	TWIRLING
CHINA	MINDFUL	WEDDER
COACH	OUTLAY	WHITE
CORPULENCE	OVERCHARGED	FORGES

Puzzle #24

```
B D E S C E N D E D L W I N H
H E E D I F F R A C T I O N I
M O E N D I V E R T E D Z C D
P O M T O F U R N I S H E D E
A P N O L I S T C E L G E N O
S M R E P I X E T A R P A U U
T G R O Y H N E S T R U P S S
R F N A T B O G L A R O O V N
I Q E I E O A B N P Z A Z C E
E M G Z L R Z G I I M N I P S
S M G I S S Q O S C L O A N S
H O M O S E X U A L L F C T S
S T O O P I N G I N Q R F I S
S N O I T A L E V E R W X I L
C X J F I S G X G W E K R C R
```

BEETLING
COMPLEXIONED
DESCENDED
DIFFRACTION
DIVERTED
FURNISHED
HIDEOUSNESS

HOMOSEXUAL
MONEYBAGS
NEGLECTS
PASTRIES
PRATE
PROTOZOAN
REVELATIONS

RIFFLING
SLINGS
SPURTS
STANZA
STOOPING
TRAINS
REARM

Puzzle #25

```
A C H I E V E D B I C E P H F
S G T S E I S M U L C X G I I
C D N C O N G R E S S M A N X
F O R I E S O P X E K G S D I
O D N A L M V H D P I A H I N
U W E S B I D M A O T S E R G
N J T H U M O P Z O T T S E Q
T W E Q S L O R I R E R U C U
A H O H W U T B B E N O R T I
I V T I V G G A O S I N C I C
N D C C I Z U G N T S O E O H
E O V E R S E E R T H M A N E
D S E G N E V A C S S Y S C S
N I K U E L R E T N I T E P K
S E I C N A D N U D E R Z W S
```

ACHIEVED	FIXING	OVERSEER
BICEP	FOUNTAINED	POOREST
BOMBARDS	GASHES	QUICHES
BROILING	GASTRONOMY	REDUNDANCIES
CLUMSIEST	GUSHED	SCAVENGES
CONGRESSMAN	INDIRECTION	SURCEASE
CONSULTANTS	INTERLEUKIN	KITTENISH

Puzzle #26

```
A B R I D G E M E N T Q L R C
Y C T R E T S A H C B Y Y S O
Y R I S T N E D I C N I O C N
D L T T E V E N I N G S X I F
G N L E E I S T Z N O D U M E
S N A A M L S N H U P D V P R
V R I L C M H U O G F B F O M
X J E T M I Y T B I I P T S E
L X B N A A N S A T T R L T N
H J W V N U E O A Z L U F E T
Z Z O B Y I D R R U W F C R S
P F O T T V S A D H E X K O D
W O R E G D E H R I C S U G L
S R E K O O L N O G H C E E X
D E Z I T O N P Y H K E Q T U
```

ABRIDGEMENT
ASYMMETRY
ATHLETIC
BUSIEST
CHASTER
CHRONICALLY

DREAMLAND
EVENINGS
FRIGHTEN
GRADUATING
HEDGEROW
HYPNOTIZED

ONLOOKERS
SINNERS
LOCUTIONS
CONFERMENTS
IMPOSTER
COINCIDENT

Puzzle #27

```
E  L  B  A  R  O  D  A  C  P  F  D  S  I  N
B  E  T  R  A  Y  A  L  A  F  H  E  N  N  E
E  D  I  V  I  D  V  S  P  S  N  V  O  S  W
D  E  C  L  A  M  A  T  I  O  N  A  R  T  S
S  O  N  D  J  Y  C  P  T  K  J  L  I  A  A
M  E  U  C  E  V  D  Y  O  M  I  U  N  N  G
F  I  I  B  U  R  O  D  L  Z  Z  E  G  T  E
E  V  N  Z  T  M  E  P  I  T  A  P  H  L  N
J  I  J  I  N  L  B  H  T  G  S  S  F  Y  T
K  R  D  U  C  E  E  E  T  I  H  I  Y  M  S
Z  T  K  Z  E  A  R  S  R  O  M  D  N  M  O
I  U  A  H  B  O  M  F  S  E  M  I  O  X  Z
D  E  D  R  A  Z  A  H  D  I  D  B  Z  M  J
I  M  P  O  R  T  A  T  I  O  N  S  Y  E  G
Y  L  B  I  X  E  L  F  N  I  U  K  Z  N  S
```

ADORABLE	EPITAPH	MOTHERED
BETRAYAL	FRENZIES	NEWSAGENTS
CAPITOL	GIDDY	OPTIMIZES
DECLAMATION	HAZARDED	SNORING
DEVALUE	IMPORTATIONS	MINICAM
DIVIDE	INFLEXIBLY	ENCUMBERED
DOUBTLESS	INSTANTLY	

Puzzle #28

```
A C H E C K E R S F U S S E S
D C N D R S P K K S C U H V U
O E C O E O E S G F I R H J H
C S N O I T G T T N E M G I F
K G E O S T N E U I T E S M R
Y H R S T T C U N L F I Y I Q
A A L I U I E E A O F O Q G D
R N V D D G N N S L U Z R N G
D D Y M R D N G I S F S V P E
S C Q G I E L U S Z I C O E L
L U T L Y L N E F A A D O T D
L F H A N G E R S I T G W B V
I F S S E N I C I U J R A V V
S G N O L E V I L T W B A M W
S E O T S E F I N A M E I P T
```

ACCOST	FLAUNTED	LIVELONGS
CHECKERS	FLUTES	MAGAZINE
DENOTING	FUNGUSES	MANIFESTOES
DISMISS	FUSSES	PROFITS
DISSECTION	GRIDDLE	SATRAP
DOCKYARDS	HANDCUFF	JUICINESS
EROGENOUS	HANGERS	FIGMENT

Puzzle #29

```
A S N H L F Y P H D L C W F I
N L S W D A U G H T E R S L D
C B L E O C X T P B H A U I E
H J O O N D S R I Y U V I R N
O R G B T K K E O L R A X T T
V P R F Y M C C S O I T L I I
Y H A I Y K E I A U T T Y N C
S R E N N U G N S R F I Y G A
K C J A Q H W M T R C N N E L
G C R E D I N S Z A A G I G L
A Q O R Y L N A M N U C R G Y
X T R L F D E D N A B S U H Y
Q A E E M A S S A C R E D P W
Y S Z S S E N S S E L D N I M
V Q X J L M H S T S A C S I M
```

ALLOTMENT
ANCHOVY
CARSICKNESS
CRACKDOWN
CRAVATTING
DAUGHTERS
FLIRTING

GUNNERS
HEADLESS
HEMLOCK
HUSBANDED
IDENTICALLY
INFUSES
MASSACRED

MISCASTS
ROOTING
SNIDER
UNMANLY
FUTILITY
MINDLESSNESS

Puzzle #30

```
L A S O C A G S S E K A L G P
S U R N U R E N R K L N I G U
S E O B O T A N I E N Q G V P
R W R F E I C M I T P A A J P
P E O U A F T A P R T P H C I
E A D R T I U P S S A A O X E
D T L N D C P D E T Q G H R S
D E U A E E M D C E O R C C
P P D H T T X L X L X R M A B
H G C A C I L G F N I E S N M
H J U H R A A A G C O N F W F
E S O H W A R L O R T F G V M
P E D A L S P A E G W Z N Y J
R O D I N G G B P O R F Q P H
S E L K N I W T K U R R C U V
```

AFOUL
ARTIFICE
BEFUDDLING
CHATTING
CRAMPS
CROPPERS
EXCEPTIONS

HANKS
LAKES
LECTURES
MARGARINE
OUTCAST
PALATIAL
PARACHUTE

PEDALS
PUPPIES
RODING
SWORD
TWINKLES
WHOSE
PARADED

Puzzle #31

```
B N D E C E N T R A L I Z E D
L S O G N I T A U T I B A H G
U S R E I S L E T S L L O M T
F R R E G L E V E R E D M C O
F S E O I D S N I O J E R O H
E Y T A N C U S C U L P T O R
S P S R L O A M A S T R A P S
T L J H I E H L R V I P U K D
K Q W D E K S T G U W C U U O
Z X T O A L S T F V C V K X D
E X H I B I T I O N I S M E N
H G R U D I M E N T S K R W N
S P I L L I N G R I C O S E X
S E L K C U S O S S M D E C V
S U T U R E D S U O R E C L U
```

BLUFFEST	LEVERED	SICKEN
CURMUDGEON	MINISKIRTS	SPILLING
DECENTRALIZE	MOLLS	STRAPS
EXHIBITIONISM	REALEST	SUCKLES
GLACIERS	REJOINS	SUTURED
HABITUATING	RUDIMENTS	ULCEROUS
HONORS	SCULPTOR	SHELTERS

Puzzle #32

```
D E R E B R A B S R E D D O D
N E B I O L O G I S T R F G J
E O N G F R O S T E D U E E O
I N T O N I M B E D S D L N U
O N T T D I Q M U T M G L U L
R V T E U N T Z F R E I O F E
I U I E R B A T M F L N W L D
E I O E R Y R B I E L G S E I
N I Z P D N X D A L I S H C F
T L O U D N E S S Y F E I T M
P J I L G D H D B B L T P E T
A K R U O Z A M U B U M S D S
T S A C S W E N N X O T J P U
N W A R D R E V O X U B E J C
Y R E G A V A S A X S C O B E
```

ABANDONED
BARBERED
BIOLOGIST
BUTTON
DODDERS
DRUDGING
ENTER

FLITTING
FROSTED
GENUFLECTED
IMBEDS
INTERNED
JOULE
LOUDNESS

MELLIFLUOUS
NEWSCAST
ORIENT
OVERDRAWN
SAVAGERY
MAZOURKA
FELLOWSHIPS

Puzzle #33

```
R C O A G U L A T I N G U T H
C E E D G N I U G O L I P E A
L O G N E L A M B E D M M O N
S A L O T R N O T I F I E S D
Y T C E L I U O Y G Q S O U B
S T L I S A L O D A U T N N A
Y N P U M L T I T L D A S U L
M R W M O O A A T E G K L S L
O H R A E M N W C E D E A E B
C E A A R N J O I Z R B U D E
Q R A I T P O X R H C Z G G M
R E T R A C T N I T S Q H F I
R A M I F I E S Y D S T T S O
T C E L E S P W U P L A N D B
U N C L A S P E D W P E G Y G
```

CATALOGER
CENTILITER
COAGULATING
COLESLAW
DETOURED
EPILOGUING
GASTRONOMICAL

LAMBED
MISTAKE
MOULTS
NONEMPTY
NOTIFIES
ONSLAUGHT
PRAWNS

RETRACT
SELECT
TARRY
UNCLASPED
UNUSED
UPLAND
RAMIFIES

Puzzle #34

```
A  N  A  C  H  R  O  N  I  S  M  C  G  I  M
T  S  D  D  Y  P  I  S  S  O  G  A  A  N  O
D  S  S  E  E  D  E  P  P  A  N  U  U  T  S
D  E  E  E  T  I  E  S  V  L  L  T  N  I  S
S  E  T  N  N  A  V  H  T  R  T  I  T  M  I
R  E  K  N  W  Y  V  N  S  W  J  O  M  A  E
J  O  S  C  E  O  S  I  E  I  O  N  X  C  R
G  U  T  N  A  M  R  U  T  E  B  A  J  I  A
O  O  X  U  E  J  E  B  B  P  L  R  D  E  M
Y  R  V  F  T  C  S  L  U  E  A  Y  U  S  B
O  N  I  R  E  M  I  F  P  N  B  C  R  F  L
N  O  W  I  S  E  G  L  Z  M  D  S  N  M  E
H  E  A  D  H  U  N  T  E  R  O  U  V  P  S
S  E  C  N  I  R  P  J  F  E  W  C  S  H  M
P  H  I  L  A  N  T  H  R  O  P  I  C  R  S
```

ANACHRONISM	GAUNT	NAPPED
BROWNEST	GOSSIPY	NOWISE
BUSYNESS	HEADHUNTER	PHILANTHROPIC
CAPTIVATED	INTIMACIES	PRINCES
CAUTIONARY	JACKED	RAMBLES
COMPLEMENTED	LICENSES	TUTOR
ENVIED	MERINO	FURBISHED

Puzzle #35

```
A A B B D N U O H D O O L B C
N P A I S R E S Y K B G I R O
C P N P Y N O R S M Q E N A N
E A Y L I D O S U V F A K W S
S R A A L E D I R D F R E N E
T E N N U K S A T U I S D I R
R N S E Z I R P P C C T U E V
E T V S P R O M P T E R E S E
S L Y L F N O G A R D L S T D
S Y H O R R O R S T Z D L D Q
E M D E T A L U T A R G N O C
S U P P L E M E N T Q O F A C
S L I O M R U T W A C J U A G
T Y P I C A L F V Q G C S T L
M D H O M Z F O G W P I Y Y S
```

ANCESTRESSES
APPARENTLY
BANYANS
BIPLANES
BLOODHOUND
BRAWNIEST
COLLECTIONS

CONSERVED
CURSOR
DRAGONFLY
ERUDITE
GEARS
HORRORS
LINKED

PRIZES
PROMPTER
SUPPLEMENT
TROUTS
TURMOILS
TYPICAL
PADDY

Puzzle #36

```
A  B  F  O  U  L  L  Y  B  P  I  P  J  Z  D
D  D  A  U  I  V  N  L  L  Y  D  G  Y  M  E
S  E  J  N  S  C  A  T  A  L  O  G  S  U  L
R  A  R  U  I  P  A  R  Z  Y  G  K  O  H  I
S  E  R  E  S  S  A  R  O  X  R  Y  E  F  C
O  G  G  E  P  T  H  N  N  U  V  R  W  D  A
O  L  J  A  M  I  M  E  S  B  G  K  A  K  C
O  F  E  R  L  I  L  E  S  R  Q  H  X  C  I
S  W  E  A  R  S  H  L  N  T  E  I  E  D  E
E  A  R  L  I  E  R  C  A  T  G  G  M  N  S
D  E  N  I  A  D  S  I  D  C  S  N  N  J  S
E  L  A  P  S  E  D  M  A  I  N  S  A  I  L
N  O  I  T  A  N  A  L  P  X  E  E  B  R  G
S  E  D  A  R  G  O  R  T  E  R  B  T  F  H
S  R  E  T  T  U  H  S  E  B  I  R  T  J  H
```

ADJUSTMENTS	DISDAINED	RETROGRADES
BANISHES	EARLIER	ROUGHENS
BLAZONS	ELAPSED	SHUTTERS
CALLIPERED	EXPLANATION	SWEARS
CARRYALL	FOULLY	TRIBES
CATALOGS	GINGERSNAPS	YOKED
CHIMERAS	MAINSAIL	DELICACIES

Puzzle #37

```
A F F I N I T Y A S V W W P D
A M A R A N T H M P W X Z K A
B R O A D E N Z U L E O N W N
J H G F K B Q G L I V R H G C
Y S S U Q X B K E T B Q G C E
S R D I S C O N T E N T I N G
R E E B L H T R P R O B E D S
A E I W R E K G A I S Q F Y
A U P R O E I S S L Y W S L N
Y R C P E L V G S P O O F E D
X D F D A C F S K E E W D I M
W C R T H M O S L I V E R E D
G Z C N U T C R A C K E R S W
P G N I S S E R G E R G K M L
L I V E L I N E S S E K O T S
```

AFFINITY	GIRLISH	PROBED
AMARANTH	GROCERIES	REGRESSING
AMULET	GUSHES	SLIVERED
BROADEN	LITERAL	SPOOFED
CHOWS	LIVELINESS	STOKES
DANCE	MAPPER	NUTCRACKERS
DISCONTENTING	MIDWEEKS	FLOWERY

Puzzle #38

```
S  R  E  D  L  A  S  L  L  O  R  K  N  A  B
A  N  N  E  X  A  T  I  O  N  S  N  J  F  Y
B  B  S  E  B  I  R  B  S  F  A  C  E  T  S
F  E  E  L  L  G  F  O  R  E  W  O  R  D  S
I  M  D  L  I  B  N  L  P  D  O  R  N  G  T
L  I  O  E  O  A  A  I  O  X  P  D  W  M  H
E  L  I  L  V  W  M  D  T  I  O  D  O  K  C
S  L  W  Z  T  I  F  K  N  A  T  Y  Y  D  X
V  E  X  I  O  E  L  Y  C  E  C  E  R  O  W
O  T  F  C  J  G  N  S  I  A  P  I  R  H  W
T  S  E  I  B  B  A  G  P  S  L  E  D  E  S
G  N  I  F  I  W  D  I  M  I  J  B  D  N  R
P  O  T  N  I  A  T  N  U  O  M  X  K  Z  I
O  B  J  E  C  T  O  R  E  M  E  D  I  A  L
W  H  A  M  S  S  D  Y  I  D  F  Q  A  O  X
```

ALDERS	DODOES	MILLET
ANNEXATIONS	FACETS	MOLTEN
BANKROLLS	FILES	MOUNTAINTOP
BEDEVILS	FOREWORDS	OBJECTOR
BELOW	GABBIEST	REMEDIAL
BLACKMAILS	INDICATING	WHAMS
BRIBES	LOITERER	DEPENDABLE

Puzzle #39

```
R E S U B A R T D K C L P R S
D D A E T S E I R D H O O A T
D E R H I U D Z S W A V M W A
L Z Z E C G W F E W T E M H T
A U V I A O R I B P T B E I E
K B B H T R M E N Q I I L D S
B N J J Q A I Z L E E R L E I
S E Q U E L M E I L R D E U D
J A S A L I V A R Y A Y D X E
A B K O Z Z E M R E T N I O Z
S P I R T S T U O D W T L F B
Y R A N O I S S I M O K V R K
G N I T A T S R E V O N S Z I
P R E E M P T S R E T S N U P
S G A B M U C S G N I T I S B
```

ABUSER
ALLERGIES
CHATTIER
DRAMATIZED
DREARIER
DRIEST
INTERMEZZO

MISSIONARY
MOCHA
OUTSTRIPS
OVERSTATING
POMMELLED
PREEMPTS
PUNSTERS

SALIVARY
SCUMBAGS
SEQUEL
SITING
STATESIDE
WINERY
LOVEBIRD

Puzzle #40

```
S N I A T R E P P A Z K O O A
G D M D R B E N U M B E D Y C
I N R S E M B E N U M B S I S
M C I A I F F L A I N O L O C
P I H B E L L U R O T C E L E
O L P M M B A E L B C H S E R
R R U V X O B B C S O P N A E
T P K S J N B E I T L I M G M
C A S T R A T E S N I Z O U A
D E E S C A L A T E N O V I R
S R E H T O M D O G C A N N R
D A E H S G O H O V A D C G Y
E X P E C T O R A T I N G N N
S T S U A C O L O H F F D U X
S E V A E L R E T N I H J V J
```

APPERTAINS
ARMFUL
BEARDS
BENUMBED
BENUMBS
BOMBING
CANNIBALISM

COLONIAL
DEESCALATE
DEFLECTION
ELECTOR
EXPECTORATING
GODMOTHERS
HOGSHEAD

IMPORT
INTERLEAVES
LEAGUING
REMARRY
CASTRATES
HOLOCAUSTS

Puzzle #41

```
A R C H B I S H O P R I C J V
S F Y G O L O N H C E T O I B
C A D E N C E S O T E C O O U
M S M E N S I X O L N N Y P N
R O E E O C R T R U H E T M X
R Y O V N O R E N Q L T U E D
I H L R I I D O C A C S A L R
M B G O T T C O A L G U Z I F
S P S A G R A M O C U I S M B
F C H D K K U R T H H I G P U
M A L T I N G O U H Z E H R Q
D E R E T E M M C C G G S I S
A C I N O M R A H E E A J S E
G N I K C I P T I N E W K O J
T E K C O P K C I P N R U N Y
```

ARCHBISHOPRIC
BIATHLONS
BIOTECHNOLOGY
CADENCES
CENTER
CINEMAS
COURTROOM

ENCROACHES
FLUENT
GASPS
GIGANTIC
HARMONICA
HOODOOED
IMPRISON

METERED
NITPICKING
PICKPOCKET
SOULS
ULCERS
CURATIVES
MALTING

Puzzle #42

```
A W K W A R D E S T B E M M R
B S C M M T X L V A E C A E O
E O N I A I H P U B C O T R S
T C T O M R N G J Q O N R M T
S C N C I S K C I F M O I A E
Q U I A H T Y E I N I M M I R
M I N R N I P L D N N I O D E
T X X D T E N A C E G Z N S D
S H O I R S T G C A S E Y D Q
K E D I F Y I N G F T D W H U
P E B B L Y T D U I A A Y Y G
E L E M E N T S C O S F C Y W
F O O L S C A P T S C G R N Q
S E T A R U G U A N I M B J M
S T S E R E T N I F C K B K Z
```

AWKWARDEST
BECOMINGS
BOTCHING
CAPTIONS
CATACLYSMIC
COUNTENANCE
DISTRICT

EDIFYING
ELEMENTS
FOOLSCAP
INAUGURATES
INTERESTS
MARKED
MATRIMONY

MINCING
NIGHT
PEBBLY
ROSTERED
SUNDRY
MERMAIDS
ECONOMIZED

Puzzle #43

```
G  S  A  D  O  U  G  H  B  C  C  H  B  E  F
S  N  C  R  E  D  T  Y  U  H  O  E  R  J  O
C  K  I  I  M  Y  C  B  N  I  N  A  I  I  M
I  O  S  S  T  I  A  W  G  G  C  V  N  P  P
S  K  E  A  S  O  N  L  L  G  E  I  K  D  Q
D  U  I  C  L  A  I  G  E  E  I  E  S  I  S
M  U  K  O  H  F  M  B  R  R  T  S  M  S  Q
K  C  O  M  M  A  H  A  I  S  E  P  A  B  Q
C  O  R  D  I  A  L  L  Y  T  D  V  N  P  F
S  E  I  R  A  E  R  D  N  G  N  H  S  N  C
D  R  U  G  S  T  O  R  E  S  V  A  H  D  H
H  E  L  I  C  O  P  T  E  R  E  D  I  N  N
I  N  T  E  R  S  P  E  R  S  E  D  P  J  T
E  L  G  N  U  J  S  R  E  K  C  O  N  K  N
S  A  L  U  S  N  I  N  E  P  D  E  B  U  T
```

AMASSING	DOUGH	INTERSPERSED
ANTIBIOTICS	DREARIES	JUNGLE
ARMING	DRUGSTORES	KNOCKERS
BRINKSMANSHIP	FLASKS	PENINSULAS
BUNGLER	HAMMOCK	RELAYED
CHIGGERS	HEAVIES	TUBED
CONCEITED	HELICOPTERED	HOKUM

Puzzle #44

```
B Y T I R U C S B O C U K E E
O E C T V X A E P I L O G X X
A C G H K L T U K B A S P O T
S S I U O J T H W E M T A R E
T E E R I R L W G T B A R C R
F G U Z C L E L I U A T A I M
U M N C I U E O F E K I B S I
L B A I I T M T G A E N L T N
L O L M S L I S S R S G I S A
Y Q V Y B S R S T E A M N K T
T U Y A E O O U N A T P G T I
F B U Q G Q I B C E N U H M N
Y R E V L I S N M K S C N Y G
S E R I P S E R G E H E E I X
J A U N D I C I N G D R D S M
```

BEGUILE
BOASTFULLY
CATTLE
CHOREOGRAPHY
CIRCUMSTANCES
CLAMBAKES
CURLICUES

EMBOSSING
EPILOG
EXORCISTS
EXTERMINATING
JAUNDICING
MAMBOING
MINUTEST

PARABLING
RESPIRES
SILVERY
STATING
OBSCURITY
DESENSITIZES

Puzzle #45

```
Y  S  K  S  K  H  N  L  A  C  T  A  T  E  D
R  S  E  C  E  J  U  O  J  I  S  E  N  A  M
E  N  A  I  O  R  F  N  I  S  N  E  R  D  Y
C  E  S  T  T  L  I  G  K  T  Y  I  F  Z  E
L  B  M  M  S  I  L  H  S  E  I  R  T  N  E
A  I  O  S  E  O  R  U  S  R  M  N  F  X  B
I  Y  W  V  B  T  P  O  B  N  E  P  G  R  L
M  Y  D  D  D  I  S  A  H  S  D  D  T  O  P
S  R  E  F  L  O  G  Y  V  T  W  X  R  V  C
E  X  P  L  O  D  E  S  S  E  U  I  E  A  P
S  N  O  I  S  S  I  M  M  O  C  A  T  G  W
H  Y  B  R  I  D  I  Z  E  B  C  H  K  C  A
M  I  N  T  E  R  M  I  N  G  L  E  D  C  H
M  I  L  L  I  O  N  T  H  S  R  Y  S  K  Z
R  O  I  R  E  T  S  O  P  X  Z  W  F  H  P
```

APOSTASY	EXPLODES	POSTERIOR
AUTHORITIES	GOLFERS	RECLAIM
BULLOCK	HYBRIDIZE	SHIRES
CISTERN	INTERMINGLED	SWITCH
COGNITION	LACTATED	UNKEMPT
COMMISSIONS	MANES	WARDERS
ECOSYSTEMS	MILLIONTHS	ENTRIES

Puzzle #46

```
A P O T H E O S E S R A D E C
G B A L L A D E E R D J A C O
D N D E P R I H C R K W F O M
I I I L A C I G O L O C E N I
N N S N I G N O M I N Y M O N
G T Y C O Y L Q P J E D U M G
R R O R E I L O R I K O S I V
E O E U O R T G U U L H K E U
D V K G T V N C N D T O E S I
I E M K D R I S U I L T T F X
E R O U N D U P F A R I S E C
N T E N I U G N A S V E E N D
T E Q M E H D U S R N H E R C
S D S E X A T R E V O O H J W
P E R S O N I F Y I N G I H T
```

APOTHEOSES
AUCTIONING
BALLADEER
CEDAR
CHIRPED
COMING
DISCERNS

ECONOMIES
IGNOMINY
INGREDIENTS
INTROVERTED
IVORY
JEERINGLY
LOUDLIER

OUTRUNS
OVERTAXES
PERSONIFYING
PILOTED
ROUNDUP
SANGUINE
ECOLOGICAL

Puzzle #47

```
E  D  W  D  O  H  A  N  C  R  C  D  J  Y  H
X  V  E  O  M  Z  N  H  O  N  E  Y  E  D  I
A  G  I  O  D  P  F  I  N  I  S  H  E  S  Z
C  H  E  T  O  I  U  G  F  Q  Z  G  V  R  L
E  D  Y  L  A  C  W  L  U  L  K  A  O  A  Z
R  L  E  A  L  I  P  S  S  E  N  M  R  I  F
B  U  I  L  C  I  C  T  E  A  B  P  S  L  S
A  P  E  T  A  I  N  O  S  X  R  A  C  R  Q
T  C  V  C  N  C  N  G  S  S  B  T  A  O  U
E  H  Q  D  P  A  O  T  O  S  H  E  N  A  A
D  A  E  A  K  Y  C  L  H  Z  A  L  N  D  T
L  I  F  E  G  U  A  R  D  S  C  L  E  E  T
P  I  D  D  L  E  D  N  E  Z  H  A  D  D  E
R  E  A  P  P  E  A  R  S  M  U  P  Q  G  D
G  N  I  P  A  O  S  W  I  M  M  I  N  G  X
```

ASSOCIATIVE	HYACINTH	REAPPEARS
CONFUSES	LIFEGUARDS	SCANNED
COOED	LOCALED	SOAPING
EXACERBATED	MERCANTILE	SQUATTED
FINISHES	PATELLA	SWIMMING
FIRMNESS	PIDDLED	WIDOW
GELLING	PULSAR	RAILROADED

Puzzle #48

```
N B E S O M E D Y Z I J X T E
C O R I S Y C I N O R I U R C
E I S E T R J L O I B I N O L
I F R R K C E A P T A S H M I
M O H C A C X T W U T J U P P
X R S R U F I E R N R E B B T
E M J P N I C L U O L L R B I
I A G H D W T B F E P U O E C
C L A T N E M I R E P X E I D
K I S P O O K S N Y C I E M N
R Z P M X E U B V G W T Y U C
S E T A L P O R T C E L E U E
F D F R E C K L E D H G N M S
G R A N D P A R E N T S M D J
G R O U N D L E S S L Y A R Y
```

ARSON
BESOMED
BUSBOY
CIRCUITING
DILATE
ECLIPTIC

EXPORTERS
FLICKER
FORMALIZED
FRECKLED
GRANDPARENTS
GROUNDLESSLY

PURLOIN
SPOOKS
TROMP
OTTERED
EXPERIMENTAL
ELECTROPLATES

Puzzle #49

```
A  T  O  N  A  L  B  B  H  C  N  E  L  C  C
C  Y  D  V  Y  S  L  I  L  W  N  B  J  X  O
G  R  V  E  I  J  N  I  T  E  P  R  S  B  N
R  C  E  Q  N  S  D  O  F  I  E  M  J  D  S
C  U  L  T  U  R  E  D  I  L  N  P  E  R  T
D  T  G  L  I  S  A  S  G  T  U  G  S  P  R
R  J  E  S  M  N  M  D  E  N  A  F  L  N  U
U  H  D  E  F  R  O  S  T  S  I  R  E  Y  E
D  L  U  E  E  K  J  U  O  G  J  W  Y  F  S
G  Y  U  N  X  J  S  O  S  X  Q  N  A  G  X
I  Q  Q  G  K  I  T  T  E  N  S  B  C  J  B
N  J  L  G  G  E  T  S  I  L  E  N  A  P  M
G  K  F  S  A  A  R  E  D  U  C  T  I  O  N
X  T  H  G  N  R  G  E  T  O  O  L  K  I  T
B  N  O  X  C  X  G  E  D  B  G  U  R  P  P
```

ATONAL	DEFROSTS	PANELIST
BITINGLY	DRUDGING	REDUCTION
BLEEPS	FULFILL	TOOLKIT
CLENCH	GYRATIONS	VISES
CONSTRUES	HUNKERED	LUGGAGE
CRETINOUS	JAWING	DARNED
CULTURED	KITTENS	

Puzzle #50

```
E S M S I R A B R A B E N F E
C V C H E R I S H E D N P K V
R A I O R T N A L I C T E Y U
K E L L W T V C S A T S A P H
S P D L A R N T O S O N R T R
G T L A I S R E V O R T N O C
A N I A W N I D M S L E Y Q C
L E I B T N G P E P E I G D V
L L V B U T E C Y I A W N I B
A Z U F B C E D K T P R A G T
N R Q R E U H R X I A P T G X
T Y T I L A R T U E N L U N E
L R N A H G S D M Z R A P P E
Y G N I H S I B R U F E R M J
E N I N R U T A S C A P U O B
```

ALIVE
BARBARISMS
CALLING
CHERISHED
CILANTRO
CONTROVERSIAL
COOLING

DAWNED
DRUBBING
ENTRAPMENT
GALLANTLY
NEUTRALITY
PASTAS
PLATTER

PUPPIED
REFURBISHING
SATURNINE
SEWAGE
TIGERS
PLATYPI
CUBITS

Puzzle #51

```
A  D  D  E  D  A  S  S  E  S  S  O  R  H  R
D  E  T  E  K  C  U  B  D  R  I  W  U  A  J
C  A  U  T  E  R  I  Z  E  E  O  B  X  W  A
S  E  T  A  N  I  M  L  U  C  R  H  G  S  R
G  O  P  H  E  R  S  T  A  H  W  A  C  E  L
C  I  R  C  U  M  S  C  R  I  B  E  D  R  M
I  T  A  L  I  C  I  Z  E  D  K  M  I  S  A
G  N  I  M  M  A  J  S  B  N  I  C  B  A  K
D  N  M  E  N  A  G  E  R  I  E  G  A  D  N
K  P  I  P  C  R  N  N  S  E  E  K  S  L  L
X  C  J  H  O  R  Z  R  I  H  G  E  N  I  S
T  X  O  P  T  I  M  I  S  T  G  G  V  U  O
Z  N  C  Z  E  A  S  M  E  I  L  I  O  Y  S
U  A  S  A  N  E  L  E  R  L  F  I  H  L  W
N  F  A  O  F  D  X  N  D  K  O  W  S  T  V
```

ADDED	GOPHER	POISED
ASSESSOR	HAWSERS	SILTING
BUCKETED	ITALICIZED	SLACK
CAUTERIZE	JAMMING	SUNKEN
CHORE	LATHING	THIGHS
CIRCUMSCRIBED	LOGGERS	WHATS
CULMINATES	MENAGERIE	OPTIMIST

Puzzle #52

```
B H G S E H O R D E S P P R T
I O S R E U Y J H U A I R U I
T U L I A H G B D R D X O M D
T S G A F T S N B W V I T M B
E E Q N I W E U A U N E E A I
R C K B A T A S G R H J A G T
E L C U B N R E M A H N I S
R E K U J A E E C L X H S N A
S A O A Z N N H T V I T J G B
G N I T N I T K S I J R H Y C
I I S P I C I E R M N U E F I
E N S M O T H E R E D E N T B
G G S S E N E S R A P S P L S
R A E W S T R O P S D T O P D
S G N I L K N I R P S L I M E
```

BITTERER
CRAWFISH
GRATES
GUSHES
HARANGUE
HORDES
HOUSECLEANING

PENITENTIAL
PIXIE
PROTEANS
RUMMAGING
SHEBANG
SMOTHERED
SPARSENESS

SPORTSWEAR
SPRINKLINGS
STERILE
TIDBITS
TINTING
TRUEST
SPICIER

Puzzle #53

```
Y  E  D  I  S  A  R  S  W  I  R  L  Y  E  I
A  R  Y  M  D  M  D  E  R  Q  Z  R  E  X  N
B  S  G  L  O  E  G  E  D  E  U  O  V  C  V
G  C  T  N  L  R  A  I  M  D  Y  K  X  U  E
J  Y  M  R  A  A  T  L  D  S  A  A  F  L  S
Q  U  P  I  O  Z  C  I  I  A  A  L  P  P  T
O  C  Z  S  E  N  G  I  F  Z  R  P  B  A  I
G  U  T  T  U  R  A  L  T  I  E  A  S  T  T
V  A  P  O  R  S  V  U  H  N  E  O  P  E  U
R  E  A  C  T  I  V  E  T  W  A  D  D  A  R
C  I  T  A  M  U  E  N  P  I  V  R  T  I  E
M  O  N  O  M  A  N  I  A  C  C  L  F  T  S
K  W  R  U  E  T  A  R  U  A  T  S  E  R  K
R  O  M  A  N  T  I  C  A  L  L  Y  I  X  L
S  T  A  G  N  A  T  E  S  U  C  F  D  Z  W
```

ANGRY	INVESTITURES	RESTAURATEUR
ASIDE	MONOMANIAC	ROMANTICALLY
ASTRONAUTICS	MORTIFIED	SPASMED
BLADDER	MORTIFIED	STAGNATES
EXCULPATE	PARADIGMS	SWIRLY
FRANTICALLY	PAYERS	VAPORS
GUTTURAL	PNEUMATIC	REACTIVE

Puzzle #54

```
A C H O O S S M O R T A R E D
N D O G G S E R S P I P E S P
C Y E N N C S E T B X D T L
I I R R F I I A H N I C D A
E S N A A I S L I S E W Y T
N O P D N D R S L L U P E O
T U T S I E N M U I A A L S O
E B O S A G L E T C F T O B N
S E V V T R N P L R O L I Z C
T K U E D I C A R A O F U O C
C O N F O R M I N G C T K F N
D E I D U T S E R T M Z T C K
S U R G I N G A R Z L F L E T
G N I L L I C N E T S Y O G D
J I Q T E Z Z X S K F D Q W K
```

ACHOO	FULFILLING	RASPS
ALIASES	INDIGNANTLY	REMITS
ANCIENTEST	MORTARED	RESTUDIED
BLUSHERS	OSCILLATION	STENCILLING
CALENDARED	PENTS	SURGING
CONFIRM	PIPES	TROTTED
CONFORMING	PLATOON	FOCUSSING

Puzzle #55

```
A E R I E B U R N I S H I N G
S D N I K A I R E T T U G H P
D E L E G Y P L C G O A S E S
S E T L N I K E L I G E K A T
U B N A R N N R I E T I P S Y
J N I I G O J C S T A D G A
U I D H A V D E S S E R P X E
S E D I A D E S S A R O M E B
Q A H R D S S D X K W X J W H
Q Y L L A N O I T N E T N I Y
Z J J I B C L M D T K E D J R
D E S S E T S O H M U U L H Q
E L O H K N I S B E J S S S J
Y V Q U B R T H L S S C Q V I
M F F U R Q H S R Y L M W N K
```

Puzzle #56

```
A  A  B  C  S  A  B  I  U  E  F  S  J  R  T
N  N  T  O  A  K  L  R  O  I  L  I  N  G  S
A  S  C  T  D  C  R  A  E  H  I  T  H  E  R
E  K  T  E  A  E  K  O  O  R  G  P  S  T  J
S  L  I  N  S  C  L  C  K  H  L  H  E  M
T  M  E  C  E  T  K  R  E  X  T  A  O  N  O
H  M  A  T  K  M  O  S  F  D  L  T  W  F  L
E  A  U  T  N  I  L  R  Z  C  E  E  N  O  U
T  Y  R  T  T  A  E  I  S  K  S  N  Y  L  Z
I  Y  E  T  I  O  M  R  A  G  S  S  R  D  X
S  Z  W  P  B  N  C  R  A  T  C  E  N  G  E
T  P  I  L  G  D  Y  K  G  R  R  H  D  P  O
S  M  U  D  N  A  R  O  M  E  M  U  K  U  P
S  R  E  H  P  O  S  O  L  I  H  P  C  N  L
S  E  I  P  M  A  C  S  P  A  X  Q  K  M  Y
```

ANAESTHETIST	HITHER	PHILOSOPHERS
ANCESTORS	KICKIER	PLATENS
ATTACK	KOALA	ROILING
BODES	MANTEL	SCAMPIES
CACKLED	MATTOCK	SHOWN
CORKS	MEMORANDUMS	TENFOLD
CURTAILMENTS	MUTINY	FLIGHTLESS

Puzzle #57

```
E A K O O Z A B C D T L I T S
G C S S C R I N O L I N E S K
F N N M R F E P S O O S K L Y
L A I E L E I M U H G U O X K
O D Y S I A N L U P A I T W Q
U Q C N S B B O A L P D E F N
T K R F L O M M C M F E E D D
S D I J V I R A E L E E D W V
Y K C I R T N C J A A N S X
D R O W N I N G S D K F T T Y
N O I T C E L F U N E G X I H
R E I K S I R S C I B H G K G
T U S H E S J K K O S T S G Z
V O I Y Z G V S B K H T O I H
B B T O W B L T X S O G S T W
```

AMBIENCE
BAZOOKA
BOOGIED
CLOUT
CRINOLINES
CROSSING
DISOWN

EMBALMS
FALCONERS
FILAMENT
FLOUTS
FLUME
GENUFLECTION
LINGUISTS

RISKIER
SHADE
STILT
TRICKY
TUSHES
WISHED
DROWNINGS

Puzzle #58

```
A S S O C I A T I O N U E V D
B E M U S E D B E T H I N K E
D E C R I E S E H C P F G G F
G N I T R E X E L R N Q O U L
S T N U A L F H S L B D R N A
G N A R L S U O I P I U G N T
G R A S S H O P P E R R E Y E
H O U S E H O L D E R S D M D
S E S N E C N I M A C I N I M
L A N I D U T I T A L X G Z I
S P S I N E S N R U N O F F S
U L H U D V T D E M M U R H T
O H A B E S F S F T B E G M E
K I G N B L Y I U N A O J F O
M A C L T G P G H O U P B S Y
```

ASSOCIATION	FLAUNTS	OUSTED
BEMUSED	GNARLS	PATENT
BETHINK	GRASSHOPPER	PIOUS
DECRIES	GUNNY	RUNOFFS
DEFLATED	HOUSEHOLDERS	SLANT
DRILLED	INCENSES	THRUMMED
ENGORGED	LATITUDINAL	EXERTING

Puzzle #59

```
T C S N O L H T A C E D F G L
P O H C I T C A D I D F A R A
A N O U F A M I N E N M K A U
T D S F C R D R H E U M E V N
R I L E A K I E F F H X R I D
O T Q I I G S G Z F E Y S T R
L I K X H H N A H I A Q M Y Y
M O Y D S C C I T T L T E G G
E N J P D V D R T P E A S I Q
N A S H A H S N A S W N E X X
N L R E T A W U A R A W E D Y
S E U D B U S S N R E C B D I
O V E R N I G H T S G I E A L
N A T I O N A L I Z E S H R L
P G R D F Z O X O C R K N U Y
```

AFOOT
CHUCKS
CONDITIONAL
DECATHLONS
DIDACTIC
FAKERS
FAMINE

GRANDCHILD
GRAVITY
HIERARCHIES
IDEALIZED
LAUNDRY
NATIONALIZES
OVERNIGHTS

RECASTING
RHEUM
SHAHS
STAFF
SUBDUES
WATER
FRIGHTENED

Puzzle #60

```
A B D C I T A R C U A E R U B
N L A E S C O C H L E A L M N
O D A S H S C O N T E S T E D
I H E I T C E J U N G L E L V
N S E S T A E N P R W I C O D
T D F A O S R E I E E H D N N
M W V F L P E D S L T T E Y Y
E U A Q O S M L I E L A S L H
N W A R P K F O E Z B I R A K
T Z T R M M C K C C I Y H D R
S E I R O T S I B X B N P C S
E V I T O V U M K A W N G J U
I M P L A C A B I L I T Y Z K
G N I L D D O C Y L L O M B F
S L E N I T N E S D Q A E B M
```

ANOINTMENT
BASTARDIZING
BESEECHED
BUREAUCRATIC
CELESTIAL
CHILLINESS
COCHLEA

CONTESTED
HEALS
IMPLACABILITY
JUNGLE
KICKOFFS
MELODY
MOLLYCODDLING

PRAWN
RASTER
SENTINELS
STORIES
VOTIVE
WHELK
COMPOSED

Puzzle #61

```
B  B  L  E  V  A  N  G  E  L  I  C  A  L  S
F  I  R  U  G  N  I  C  N  A  L  E  E  R  F
G  O  L  E  F  S  S  E  N  I  T  L  I  U  G
A  C  N  L  A  S  N  Z  B  H  E  G  H  T  P
R  Q  L  D  E  T  P  O  E  A  T  H  E  U  A
R  S  N  A  E  T  H  U  L  B  N  K  R  F  S
U  U  V  W  N  R  I  E  C  A  U  V  A  T  S
L  X  R  B  U  D  H  N  C  X  S  S  L  I  A
O  Y  D  V  B  O  F  P  G  C  Y  I  D  N  B
U  N  O  I  T  A  C  I  F  I  T  A  R  G  L
S  P  I  O  U  S  L  Y  L  F  C  Z  Y  V  E
L  O  B  S  T  E  R  E  D  L  D  D  Z  Q  G
S  N  O  I  T  I  S  O  P  O  R  P  F  S  D
S  T  A  O  C  N  I  A  R  E  D  A  M  N  U
S  K  I  P  P  I  N  G  J  V  D  B  I  H  I
```

BILLETING	GUILTINESS	SALON
BREATHE	HERALDRY	SKIPPING
CUPSFUL	LANDFILL	TUFTING
EVANGELICALS	LOBSTERED	UNMADE
FONDER	PASSABLE	ZEBUS
FREELANCING	PIOUSLY	RAINCOATS
GARRULOUS	PROPOSITIONS	GRATIFICATION

Puzzle #62

```
B C I L O H T A C H O P I N G
A L O S E N H A N C E W L Z F
N I F N S T E N L A R G I N G
G N U S T E A F R E S H E N S
L C R P D E N R M A K E R X Z
E H B A O R S T O D E D I S U
X K I S V U A T C T O A X M P
C P S S S P T G A E C I Q U O
Q D H K D I Q L G N R E C T D
C X E E Q C K P A A T I R T H
N G D Y S R A Z T W L S D I D
G N I R R E T N I S I D G E D
S E T A L E R P Z U C N G S I
S E L B B A R C S L F R G T Z
S P O U T S P F M W L D E B B
```

BANGLE
CATHOLIC
CLINCH
CONTESTANTS
DIRECTNESS
DIRECTORATE
DISINTERRING

ENLARGING
FRESHENS
FURBISHED
HOPING
LAGGARDS
MAKER
OUTLAWING

PRELATES
SCRABBLES
SIDED
SMUTTIEST
SPOUTS
TZARS
PASSKEY

Puzzle #63

```
A D J U R E S B C E A S E S S
C N T N J Y A I R D S R O C A
A D O P D Z U R O E Z D L J N
L S E I Y S C G P A A N D U D
C S E T R Y G T D W D W D A
U S L I S A C J I L L L T R L
L R G O R I S Y O I Y N C H C
A B K I W E O R N E K T M I S
T Z W G W L S H E R W F E N R
E W A G E S Y A D V M M G O F
D E L E C R A P M Q N O O C A
M A N A C L I N G A G O E E J
H C R A I R T A P I L K C R N
L E U Q E R P D E M R O W O O
G N I L I A T E R P M P X S T
```

ADJURES
BREADTHS
CALCULATED
CEASES
CONVERSATION
CRYPT
DEADLIER

LAMASERIES
MANACLING
OPTIONED
PARCELED
PATRIARCH
PREQUEL
RETAILING

SANDAL
SAUCY
SLOWLY
SWIGS
WAGES
WORMED
RHINOCEROS

Puzzle #64

```
A M T N O N M H C C I G Z I M
S T I E X B I T K R C Q I N A
J E A B M H E H N O L Y N T L
R R X M U O S Y P Q P X P E I
S J Q E O R C E S U L R R R C
M E X N S T E J I E A D E M I
D E D A V E U H I T N D A E O
D E G N O R P A C T R C C N U
F O R E W A R N S E O A H T S
E T A N I M L U F Q B F E S L
K N A P S A C K U Y H W D H Y
K N O T T I N G N O T O R P I
S D A E H R E T T E L G R O O
P R O H I B I T S L I T T E D
E A H B G S Y M X M N G N A G
```

AUTOMATA
CHERUBIM
COMET
CROQUETTE
DAUPHIN
EVADED
FOREWARNS

HEARTIES
INTERMENTS
KNAPSACK
KNOTTING
LETTERHEADS
MALICIOUSLY
NYLON

PREACHED
PROHIBITS
PRONGED
PROTON
SEXES
SLITTED
FULMINATE

Solutions

Puzzle #1

```
S T N E M N G I A R R A
B Y D Y   S G Y T H C R U L
C L A E S E O N T S N
G R O R K T C U I R T A
G A A U R R A N R P E L R
  U U B S A A P E P I P I I
    E C B I   M D T U S O T P
      S H I N   K   S S S R S
        S E E G E O   I S O P
          E R R   S O   X   G
    G N I M R O F N I B   E
    E K O R T S Y E K T
L E A N N E S S         R
M A G N E T I Z A T I O N O
Y L S U O L E V R A M       M
```

Puzzle #2

```
S Y T I L I B A C I L P P A
D M G G D I S C O M F O R T S
F E U N N E S E I T E I P M I
A L T B I I M T A O C R E V O
C O A R L N P O P E L V E S R
T E C K O A R M T       S   E
I L T C I S     O I E     U H
T B O A U N S     C R D   B A
I   I O E P G A     C L   B B
O     H H M A P I T C H E D B
U       A C R N         T   E
S         S S E T       T   D
R E G A N A T E P S       I
Q U A N T I T Y R         N
            P         G
```

Puzzle #3

```
B O L L E D T S E I N W O R B
C R U C I F I X C U R B E D I
S E N F O R C E R S     W   S
G E S E L G N I B O L G E   T
T N N E T A P Y R S       T H
D N I I T A C L R E P     T M
  E E T V A L C U E T I E   I
    F I I I R U I R D T R
      F T R D U S D A U I T
        U A W   G N   L R S
          T P D   U I   S P
S R E V A H S T N     A
S E G O O T S     U A   N
V A R I A T E       O H   I
```

Puzzle #4

```
A S B S Y E L     M       F   R S
S S N E K H A E     E     I   I O
M N T A A A C T D     L T     N C
P S A O E T O U E G       T   G K
M U I I U B E R D R E E I I I
O R K N R N     R C     I R   N N
N O     O O A D           E E G G
O O       O D T           S D
L F         H E I P E P P I E R
I T             H L
T O M S I R A I G A L P
H P L I G H T I N G G
S S C R I B B L E R S E
O V E R P R I N T I N G
P U N C T I L I O U S
```

Puzzle #5

M	S	D	R	E	I	K	S	U	D			T	M	R
F	O	T	E	E	S	H						O	E	A
S	O	O	N	B	L	R	A					U	M	I
M	E	N	R	A	R	B	E	I				G	O	N
	E	T	D	R	R	U	B	T	S			H	R	M
	T	A	I	A	B	C	A	R	S		L	I	A	
	H	N	N	B	E		D	O	E	Y	Z	K		
	O	G	G	S	L		P	M	A	E				
E	L	B	A	S	U	E	R	N	E		M	T	R	
T	E	R	M	I	N	G	R	E	A	C		I		
Y	R	E	S	R	U	N	H	P	I	P		O		
S	P	R	A	I	N	S		T	M	P	M		N	
Q	U	I	N	T	E	T	T	E		I	P	A		
R	E	R	E	A	D	I	N	G		O	S			
S	R	E	K	N	I	H	T		S					

Puzzle #6

B	I	N	O	C	U	L	A	R				E	D	M
D	E	I	G	H	T	E	Z	I	N	O	I	N	E	A
S	O	L		N	S	S		B			H	M	L	
L	T	W	L	O	I	E	T		M		A	A	A	
O		N	E	I	B	T	L	N		A	N	N	I	
P		E	L	M	S	A	L	I		C	D	S		
P		L	E	W	E	I	O	T		E	I	E		
Y		A	D	A	R	T	U	S	R	N				
		V		S	V	A	T		G					
	T	S	I	N	O	I	S	S	E	R	P	X	E	
S	A	M	D	N	A	R	G	U		R	G			
J	A	L	O	U	S	I	E	Q		S	N			
K	O	W	T	O	W	I	N	G	E		I			
D	E	H	S	I	R	E	V	O	P	M	I			
O	V	E	R	T	U	R	N	S						

Puzzle #7

A	L	C	O	V	E	S	E	M	A	N	E	R	O	F
T	O	A	I	R	E	H	T	H	P	I	D	H	J	
T	N	S	F	D	G	R	R				E	A		
R	N	C	O	U	A	E	R	A	E		R	Z		
I	R	E	F	I	O	L	T	E	F	V		E	Z	
B	E	I	M	A	T	I	S	A	Y	N	E		B	Y
U	T	V	T	P	T	A	T	I	N	H	A	N	Y	
T	A	E		H	A	H	N	A	T	I	O	F		
A	I	S		G	R	E	R	T	Y	C	U			
B	N			I	T	R	E	U		S	N			
L			S	N	H	T	P		A	D				
E	Z	I	L	A	N	E	P	D	E	O	S	S		F
S	S	E	N	I	K	O	O	K	N		O	N	I	
	R	E	C	L	A	S	S	I	F	I	E	D	O	D
S	I	D	E	B	A	R				H				C

Puzzle #8

A	B	L	I	N	D	E	D			D		P		
P	L	A	C	I	N	A	T	O	B	I		I		
P	D	D		R	E	N	R	E	T	S	A	E	A	
O	L	E	E	R	O	L	P	X	E	A		N		
I	Y	O	T	T		A		B		O				
N	S	L	B	A	A		C	I		F				
T		P	D	M	C	U	D	N	A	L	E	M	O	H
I		A	N	A	I	T		I		R				
N		E	I	G	D	C		T	N		T			
G			L	K		E	E	Y		A	E			
L	A	N	D	S	L	I	D	E	D	F		M		
Y	L	S	S	E	L	T	L	U	A	F	F			
M	A	T	R	O	N		S	S	A	P	R	E	V	O
L	A	N	O	I	T	O	N							
P	H	O	T	O	G	R	A	P	H	E	D			

Puzzle #9

```
T N A G O R R A   F   C C C F
G F E D E T E R A L C O O O R
S N R G G     I   A   N N R E
T S I O D R P   S G   T S P S
  H E P N U A U   S   R T O H
A G N I T F T B H O   I R R E
  N   I L L A   E I   B I A N
  D N   N U L L   P C U C T E
  Y   A   K F I       T T I D
G Y P S I E S T F     I I O
  H E L P M A T E S     N N N
N R O B N U I     G   G G S
S T I N G E R S     R
                  O
S I D E S T R O K I N G F
```

Puzzle #10

```
G K R O W Y D O B   C     D E
S N E     E E     A     A V
D E I N     L   H   N   H N E
S R L N U   U     C O   E G N
N   I C O M D       N   T E T
A     B N K E       I A E R U
R       L U C R     C   R S A
L       E B E A   A   O B L
E D E R R A T R B T L   G   L
D F A C I L I T A T E D E   Y
E C L I P S I N G C     N
I N S E C T I V O R E   E
S E T A N I M E S N I   I
I S L A N D S         T
L I A B I L I T I E S Y
```

Puzzle #11

```
A S S E R T I V E A S T E R S
S T N E M E V A E R E B C P C
Y C O N T R A V E N E   R E R
D L D O C T O R A T E S U R I
L E I E H A N D B O O K S S P
M A R K L O R D I N G   H O T
S O N R C O R E K C A P E N U
S L R O E O A S U R F E D I R
  N I T I T C G T       F E
  E D S T N   O       I S
  R E L C I   R     E
  W S E N S     A   S
R E U N I O N A U I   G
      M F D     E
G N I P P U C C I H
```

Puzzle #12

```
A A N       B B I L N N P
P C D O     E R N U O O T
O C C H T   D A T M M N A
S N H R E A   T S E P E V R
T C W I U R B   I S R I N I M
O Y I O R A E   M E N E C O I
L   F R D O L D E S S S L L G
I S   I E T P S   H T A E A
C   I R L N O H   I   T N N
  N   T C U D O P   U C
  G   C   O I G   R E
J O U S T E D E   C S U E
      R   L   T N
S E S S E N R A H E   S
E L L I P T I C A L L Y
```

Puzzle #13

```
S E R E T I R W Y P O C . . F H
E R C E S E H S I F G O D E U
N M U N D R O N I N G N . R M
. E E A E L E P . . C . M E
. . M H T C O S E . . E . E R
. . . O P N A F U T . P . N U
. . . . E R E L . A R T . T S
. . . . . Y O C P . P I
D E L I R I U M S M . O F
D I S C L A I M E R O N N Y
N O I T A T L U X E . C . E
S L O O T S T O O F . . . M
D E K C E P N E H
D E T A V O N N I
I R R E D E E M A B L E S
```

Puzzle #14

```
D E T A R E B E X T E N D S
G N I R R I T S E B F U N D S
N A I G E L L O C . . . I N
G N I T R O S N O C . . N A
D D E C N A R B M U C N E S T
L E Y X Y X S N A B O B S T U
O I P N T L O E S . . A R
N E A E A E F B L T . . N A
L . C N N M N F E O R . T L
I . . N R D I T U C S O . A I
E . . . O E E C . R I N T N S
S . . . . C G N S . G . I E T
T . . . . . S N C . . . O
S E S O P R U P I Y . . U
S T A R C H Y . . F . . S
```

Puzzle #15

```
B E N I G H T E D S . . . D
L C I T R A H T A C K . . E
U C O N D E M N S . L . C
E S D U L L E S T . . A . I
B G N G H J S I . . . C D
E . A G N O A L R E T N A R E
L . . R I I S Y O I . . S
L . . R S S T W P A
. . . . U N S E A P R
E L K C A T L O A L L E P
R E D N O W . O C R S K D
. . . . U . . A
S D N A L R E V O S . H
M U I N O T U L P . L
Y T I V I T C A R E P Y H
```

Puzzle #16

```
A N T I C I P A T E S
S E T A R D Y H O B R A C . K
H G N I R E H P I C . . . I
O T N D S G Y G R . R . . E
R . S I I E N L N E . A . L
E . G O Y C S I I I G . N . B
. . N P A K S T D L A . K A
. . . A M L I E L O I S . S
. . . H O E E T O O A . A
. . . R C D S N M M N S
S E S P I L L E . . A
. D E L U R R E V O . I
S T E R C E S . . O . G
O X Y G E N A T I N G
R E P U D I A T E S
```

Puzzle #17

```
B S T L O B E C N E D A C
H E Y       A A S O L L E C
T P A A   C I T I N G
G E I S W P L W F   V
R L L T A O A   O   A
O L C A L E L V   N   S
O I   R C I K Y E   D   E
V Q   I   E A G N   E D
E U     C   S T L D   S
G N I K C I L C   T   O E T
  D S N O I N I M     T R
  M I T I G A T E S     S S
  Z S E L D D U M
  E G N I C N E M M O C E R
  S G N I S P A L E R
```

Puzzle #18

```
A K S I R E T S A R E D N O W
B Y C N S S A R R A B M E
H O L E O E N T I C E M E N T
O D C S N C G O D D E S S E S
R S N N S O A E V         O C
N E D U R E T E M E       P A
S A T R O O L A D A R       E R
  E M A O R C H P     D D   N V
  D E V W G S T H     A A I E
    I T I D     E A   M N S
      S U T A     H E   G T
      E N O E     T R   S
        R I M H     E B
T S E M M I R P M         E
D E G G A B D N A S       T
```

Puzzle #19

```
B T G S Y S S J U D G E       L
O L S N N L M E K O B L A T E
T V O E I O I U T N       A V
T   O U I R I S I N O       T I
L     W S H E T M N E C     T T
I       E E T E A U A T K O A
N       L D A N R L R E O T
G P R E T E N S E A T C C D E
M O T L E Y E R     R C S
C U S T O M I Z E D B C A
I N S O U C I A N T       U C
S F O O R P T S U R       B
S C R A G G L I E R
S T A P L E G N I N A W
```

Puzzle #20

```
E T A U T N E C C A B
H   D S N E S R A O C L
O   M R N O T E L E K S E
S E I K O M S D           E
T R   T     I N C L O S E P
A   E       C T         M O
G   D E M A E R D Y A D I R
E N W O R H T D L       S S T
R O T A G I M U F F     H B R
  E M A N C I P A T E S I E A
G N I P O L E V N E     D P H I
H O M E O W N E R S     P A T
I N S T A L M E N T     I V I
S E B I R C S O R P     N E S
G N I H T E E S         G D T
```

Puzzle #21

```
B L A N D L Y         F F P R
S A E P K C I H C       A O L E
D R A W S T R I N G S I U A A
E H U M P I N G         R N C S
E T   E S   K       S D A S
S C A S S E N I K S U H E R E
P E N T D S N   S       R D S
  O I A I E I U   S       E S
    O R T S T O T   I     D I
      C R R E E N R   N     N
      S A O H L N O   G   G
T I P S Y   C P   O O P
M U F F L E R S M   S C M
S H R I K E S   I I   B   I
S L O B B E R     M     O
```

Puzzle #22

```
A Q U A C U L T U R E D R E W
B N C H U R L I S H A
S A E L E G A N T   R
R W G T S   P I M E N T O S
I E O E T G G A R R I S O N S
R   I L L I N   K   N       R
R A   D L   B I     I G   R E
A   L   E A   T R   R   E M
T   P   E F   U R   P V   A
I     O   R     T E   A   R
O       P   G     O H L P K
N Z T U B B I K     R U   S
A M I S S T E P P E D   I
L P H I L A N D E R E R N A
P S Y C H O P A T H S   G   L
```

Puzzle #23

```
A D O T S R U B C C F I R S W
P N L G       O O O N E E E
P I I O N     A R R P F X D
R L N H F I   C P G U U I D
O   U W C L B   H U E T S E E
V Y I F A   L     L S S A S R
I   A N D R   I   E     L T
N   L S N D   B N W H I T E
G     T T I S   C
L     U A M   E
Y G A S T R O N O M Y
    D E G R A H C R E V O
      N O I T C I D E R P
T R O P S N A R T   N
T W I R L I N G     G
```

Puzzle #24

```
B D E S C E N D E D         H
H E E D I F F R A C T I O N I
M O E N D I V E R T E D   D
P O M T O F U R N I S H E D E
A P N O L I S T C E L G E N O
S M R E P I X E T A R P   U
T G R O Y H N E S T R U P S S
R   N A T B O G L A R     N
I     I E O A B N P Z A   E
E     L R Z G I I M N I   S
S     S   O S C L O A N S
H O M O S E X U A L   F C T S
S T O O P I N G   N     F S
S N O I T A L E V E R     I
                          R
```

Puzzle #25

```
A C H I E V E D B I C E P   F
S G T S E I S M U L C   G I I
C D N C O N G R E S S M A N X
F O R I E S O P X E K G S D I
O D N A L       P I A H I N
U   E S B I     O T S E R G
N     H U M O   O T T S E Q
T     S L O R   R E R U C U
A     U T B B E N O R T I
I     G A   S I N C I C
N         N T S O E O H
E O V E R S E E R T H M A N E
D S E G N E V A C S S Y S   S
N I K U E L R E T N I   E
S E I C N A D N U D E R
```

Puzzle #26

```
A B R I D G E M E N T       C
Y C T R E T S A H C         O
Y R I S T N E D I C N I O C N
D L T T E V E N I N G S   I F
G N L E E I S T         M E
S N A A M L S N H       P R
  R I L C M H U O G     O M
    E T M I Y T B I I     S E
      N A A N S A   T R   T N
        N U E O A     U F E T
          I D R R       C R S
            S A D H     O
W O R E G D E H R   C       L
S R E K O O L N O G
D E Z I T O N P Y H
```

Puzzle #27

```
E L B A R O D A C     D S I N
B E T R A Y A L A     E N N E
E D I V I D     P     V O S W
D E C L A M A T I O N A R T S
S O N D   Y     T     L I A A
M E U C E   D   O     U N N G
  I I B U R O D L     E G T E
    N Z T M E P I T A P H L N
      I N L B H T G       Y T
        C E E E T I         S
          A R S R O M
            M F S E M I
D E D R A Z A H     D   Z
I M P O R T A T I O N S   E
Y L B I X E L F N I         S
```

Puzzle #28

```
A C H E C K E R S F U S S E S
D C N D R S       S
O E C O E O E S       I
C S N O I T G T T N E M G I F
K G E O S T N E U I       S
Y H R S T T C U N L F       I
A A   I U I E E A O F O       D
R N   D G N N S L U   R
D D     D N G I S F S   P
S C     L U S Z I
  U       E F A A D
  F H A N G E R S   T G
  F S S E N I C I U J R A
S G N O L E V I L     A M
S E O T S E F I N A M   P
```

Puzzle #29

```
A S N     F                 C F I
N L S W D A U G H T E R S L D
C   L E O       T         A   I E
H     O N D S R I       V   R N
O       T K K E O L     A   T T
V         M C C S O I T   I I
Y H         E I A U T T     N C
S R E N N U G N S R F I Y G A
K   A             T R C N N   L
  C R E D I N S       A G I G L
  O   Y L N A M N U C     Y
    L   D E D N A B S U H
      M A S S A C R E D
      S S E N S S E L D N I M
        H S T S A C S I M
```

Puzzle #30

```
L   S O C A G S S E K A L   P
S U   N U R E N R K         U
S E O B O T A N I E N       P
R W R F E I C M I T P A     P
P E O U A F T A P R T P H   I
E A D R T I U P S S A A O   E
D T L N D C   D E T   G H R S
  E U A E E E   D C     R C C
  D H T T   L   L X     A
    A C I L       I E     M
    R A A A       N
E S O H W A R L O     G
P E D A L S P A   G
R O D I N G     P
S E L K N I W T
```

Puzzle #31

```
B N D E C E N T R A L I Z E
L S O G N I T A U T I B A H
U S R E I S L E T S L L O M
F R R E G L E V E R E D
F S E O I D S N I O J E R
E   T A N C U S C U L P T O R
S   S R L O A M   S T R A P S
T   H I E H L R   I
      E K S   G U   C
        L S T     C   K
E X H I B I T I O N I S M E
  R U D I M E N T S       N
S P I L L I N G R I
S E L K C U S     S M
S U T U R E D S U O R E C L U
```

Puzzle #32

```
D E R E B R A B S R E D D O D
N E B I O L O G I S T R F G J
E O N G F R O S T E D U E E O
I N T O N I M B E D S D L N U
O N T T D I       M G L U L
R   T E U N T     E I O F E
I     E R B A T   L N W L
E     R     B I   L G S E
N       N     A L I   H C
T L O U D N E S S   F   I T
          D     L   P E
A K R U O Z A M     U   S D
T S A C S W E N     O
N W A R D R E V O   U
Y R E G A V A S     S
```

Puzzle #33

R	C	O	A	G	U	L	A	T	I	N	G			H
C	E	E	D	G	N	I	U	G	O	L	I	P	E	A
L	O	G	N	E	L	A	M	B	E	D	M			N
S	A	L	O	T	R	N	O	T	I	F	I	E	S	D
Y	T	C	E	L	I	U					S	O	U	B
S	T	L	I	S	A	L	O				T	N	N	A
Y	N	P	U	M	L	T	I	T			A	S	U	L
	R	W	M	O	O	A	A	T	E		K	L	S	L
		R	A	E	M	N	W	C	E	D	E	A	E	
		A	R	N		O			R		U	D		
			T	P	O	R				G				
R	E	T	R	A	C	T	N		T			H		
R	A	M	I	F	I	E	S			S	T		T	
T	C	E	L	E	S			U	P	L	A	N	D	
U	N	C	L	A	S	P	E	D				G		

Puzzle #34

A	N	A	C	H	R	O	N	I	S	M	C	G	I	M
T	S	D	D	Y	P	I	S	S	O	G	A	A	N	O
D	S	S	E	E	D	E	P	P	A	N	U	U	T	S
D	E	E	E	T	I	E			T	N	I	S		
S	E	T	N	N	A	V	H		I	T	M	I		
R	E	K	N	W	Y	V	N	S		O		A	E	
O	S	C	E	O	S	I	E	I		N		C	R	
	T	N	A	M	R	U	T		B	A		I	A	
	U	E	J	E	B	B	P		R		E	M		
	T	C	L		A	Y	U	S	B					
O	N	I	R	E	M	I		P		C		F	L	
N	O	W	I	S	E		L		M			E		
H	E	A	D	H	U	N	T	E	R	O			S	
S	E	C	N	I	R	P			C					
P	H	I	L	A	N	T	H	R	O	P	I	C		

Puzzle #35

A	A	B	B	D	N	U	O	H	D	O	O	L	B	C
N	P	A	I	S	R	E				G	I	R	O	
C	P	N	P	Y	N	O	R		E	N	A	N		
E	A	Y	L		D	O	S	U		A	K	W	S	
S	R	A	A		D	I	R	D		R	E	N	E	
T	E	N	N		A	T	U	I	S	D	I	R		
R	N	S	E	Z	I	R	P	P	C	C	T		E	V
E	T		S	P	R	O	M	P	T	E	R	E	S	E
S	L	Y	L	F	N	O	G	A	R	D	L		T	D
S	Y	H	O	R	R	O	R	S	T		L			
E		D	E	T	A	L	U	T	A	R	G	N	O	C
S	U	P	P	L	E	M	E	N	T		O		C	
S	L	I	O	M	R	U	T			U				
T	Y	P	I	C	A	L				T				
														S

Puzzle #36

A	B	F	O	U	L	L	Y	B				D
D	D	A			L	L	Y			E		
S	E	J	N	S	C	A	T	A	L	O	G	S		L
R	A	R	U	I	P		R	Z	Y		K		I
	E	R	E	S	S	A		O		R		E	C
		G	E	P	T	H	N	N	U		R		D	A
		A	M	I	M	E	S		G		A	C
		L	I	L	E	S	R		H		C	I
S	W	E	A	R	S	H	L	N		E		E	E
E	A	R	L	I	E	R	C	A	T		G		N	S
D	E	N	I	A	D	S	I	D	C	S		N		S
E	L	A	P	S	E	D	M	A	I	N	S	A	I	L
N	O	I	T	A	N	A	L	P	X	E			G
S	E	D	A	R	G	O	R	T	E	R
S	R	E	T	T	U	H	S	E	B	I	R	T

Puzzle #37

A	F	F	I	N	I	T	Y	A	S				D
A	M	A	R	A	N	T	H	M		W			A
B	R	O	A	D	E	N		U	L		O		N
	H	G					L	I			H		C
Y		S	U				E	T				C	E
S	R	D	I	S	C	O	N	T	E	N	T	I	N	G
R	E	E		L	H			P	R	O	B	E	D
	E	I	W		R	E			A
	P	R	O		I	S		L
		P	E	L		G	S	P	O	O	F	E	D
		A	C	F	S	K	E	E	W	D	I	M
		M	O	S	L	I	V	E	R	E	D
	N	U	T	C	R	A	C	K	E	R	S
	G	N	I	S	S	E	R	G	E	R
L	I	V	E	L	I	N	E	S	S	E	K	O	T	S

Puzzle #38

S	R	E	D	L	A	S	L	L	O	R	K	N	A	B
A	N	N	E	X	A	T	I	O	N	S
B	B	S	E	B	I	R	B	S	F	A	C	E	T	S
F	E	E	L	L	G	F	O	R	E	W	O	R	D	S
I	M	D	L	I	B	N	L		O
L	I	O	E	O	A	A	I	O			D
E	L		L	V	W	M	D	T	I				O
S	L		T	I		K	N	A	T			D
	E				E	L		C	E	C	E
	T				N	S		A	P	I	R
T	S	E	I	B	B	A	G			L	E	D	E
G	N	I	F	I	W	D	I	M			B	D	N	R
P	O	T	N	I	A	T	N	U	O	M				I
O	B	J	E	C	T	O	R	E	M	E	D	I	A	L
W	H	A	M	S

Puzzle #39

R	E	S	U	B	A			C	L	P	R	S
D	D	A	E	T	S	E	I	R	D	H	O	O	A	T
	E	R	H	I				A	V	M	W	A
	Z	E	C	G	W			T	E	M	H	T
		I	A	O	R	I		T	B	E	I	E
		T	R	M	E	N		I	I	L	D	S
		A	I		L	E	E	R	L	E	I
S	E	Q	U	E	L	M	E		L	R	D	E		D
	S	A	L	I	V	A	R	Y	A	Y	D		E
	O	Z	Z	E	M	R	E	T	N	I
S	P	I	R	T	S	T	U	O	D
Y	R	A	N	O	I	S	S	I	M
G	N	I	T	A	T	S	R	E	V	O
P	R	E	E	M	P	T	S	R	E	T	S	N	U	P
S	G	A	B	M	U	C	S	G	N	I	T	I	S

Puzzle #40

S	N	I	A	T	R	E	P	P	A
G	D	M	D	R	B	E	N	U	M	B	E	D
I	N	R	S	E	M	B	E	N	U	M	B	S
M		I	A	I	F	F	L	A	I	N	O	L	O	C
P		B	E	L	L	U	R	O	T	C	E	L	E
O			M	B	A	E	L					E	R
R			O		B	C						A	E
T				B		I	T					G	M
C	A	S	T	R	A	T	E	S	N	I		U	A
D	E	E	S	C	A	L	A	T	E	N	O		I	R
S	R	E	H	T	O	M	D	O	G		A	N	N	R
D	A	E	H	S	G	O	H				C	G	Y
E	X	P	E	C	T	O	R	A	T	I	N	G
S	T	S	U	A	C	O	L	O	H
S	E	V	A	E	L	R	E	T	N	I

Puzzle #41

```
A R C H B I S H O P R I C
S   Y G O L O N H C E T O I B
C A D E N C E S O T E
M S M E N S I   O L N N
  O E E O C R T   U H E T
  O V N O R E N   L T U E
  R I I D O C A   S A L R
    T T C O A L G     I F
S P S A G R A   O C U I   M B
      U R   H H   G P
M A L T I N G O U     E R
D E R E T E M   C C   S I
A C I N O M R A H   S
G N I K C I P T I N   O
T E K C O P K C I P   N
```

Puzzle #42

```
A W K W A R D E S T B E M M R
B S C M M T     E C A E O
E O N I A I H     C O T R S
T C T O M R N G     O N R M T
S C N C I S K C I   M O I A E
  U I A H T Y E I N I M M I R
    N R N I P L D N N I O D E
      D T E N A C   G Z N S D
        R S T G C A S E Y
    E D I F Y I N G   T D
P E B B L Y     D U     A
E L E M E N T S   O     C
F O O L S C A P     C
S E T A R U G U A N I
S T S E R E T N I
```

Puzzle #43

```
G S A D O U G H B C C H B
S N C R E     U H O E R
  K I I M Y     N I N A I
    S S T I A   G G C V N
      A S O N L L G E I K
        L A I G E E I E S
M U K O H F M B R R T S M
K C O M M A H A I S E   A
C O R D I A L L Y T D   N
S E I R A E R D     N   S
D R U G S T O R E S   A H
H E L I C O P T E R E D I
I N T E R S P E R S E D P
E L G N U J S R E K C O N K
S A L U S N I N E P D E B U T
```

Puzzle #44

```
B Y T I R U C S B O C     E E
O E C     A E P I L O G X X
A C G H   T     A S P O T
S S I U O   T     M T A R E
T E E R I R L     B A R C R
F G U Z C L E     A T A I M
U M N C I U E O   K I B S I
L   A I I T M T G   E N L T N
L     M S L I S S R S G I S A
Y       B S R S T E A   N   T
          O O U N A T P G   I
            I B C E N U H   N
Y R E V L I S N M   S C N Y G
S E R I P S E R G E     E E I
J A U N D I C I N G     D S M
```

Puzzle #45

```
Y S K S     N L A C T A T E D
R S E C E   U O   I S E N A M
E   A I O R   N I S N E R D Y
C   S T T L I   K T
L     M S I L H S E I R T N E
A     E O R U S R M N
I     T P O B N E P G
M       S A H S   D T O
S R E F L O G Y   T W   R   C
E X P L O D E S S     U I   A
S N O I S S I M M O C A T   W
H Y B R I D I Z E   C     C
  I N T E R M I N G L E D     H
M I L L I O N T H S
R O I R E T S O P
```

Puzzle #46

```
A P O T H E O S E S R A D E C
G B A L L A D E E R       C O
D N D E P R I H C         O M
I I I L A C I G O L O C E N I
N N S N I G N O M I N Y M O N
G T Y C O Y L   P       U M G
R R O R E I L O   I     S   I
E O   U O R T G U L   K E
D V   T V N C N D     O E S
I E     R I S U I L   T
E R O U N D U P   A R I S E
N T E N I U G N A S     E E   D
T E           S       E R
S D S E X A T R E V O     J
P E R S O N I F Y I N G
```

Puzzle #47

```
E D W           C
X V E O       H O N E Y E D
A G I O D P F I N I S H E S
C H E T O I U   F         R
E D Y L A C W L U         A
R L E A L I   S S E N M R I F
B   I L C I C   E A   P S L S
A     T A I N O S   R A C R Q
T       N C N G S   T A O U
E       A O T   S   E N A A
D       C L H   A L N D T
L I F E G U A R D S   L E E T
P I D D L E D   E   A D D E
R E A P P E A R S M         D
G N I P A O S W I M M I N G
```

Puzzle #48

```
N B E S O M E D Y       T E
C O R   S   C I N O R I   R C
  I S E   R   L O   B     O L
  F R R K   E A P T   S   M I
  O   C A C   T   U T   U P P
  R   U   I E R   R E   B T
  M     I   L   O   L R   I
  A     T   F   P   O E C
L A T N E M I R E P X E I D
I S P O O K S N       E   N
Z           G
S E T A L P O R T C E L E
  D F R E C K L E D
G R A N D P A R E N T S
G R O U N D L E S S L Y
```

Puzzle #49

```
A T O N A L B B H C N E L C C
C   D V   S L I L         O
  R   E I   N I T E       N
    E   N S   O F I E     S
C U L T U R E D I L N P   T
D     I   A S G T U G S   R
R       N   D   N A F L   U
U H D E F R O S T S I R   Y E
D L U       U       W Y     S
G   U N       S       A G
I     G K I T T E N S     J
N     G E T S I L E N A P
G       A R E D U C T I O N
        G E T O O L K I T
        E D
```

Puzzle #50

```
E S M S I R A B R A B
C V C H E R I S H E D
  A I O R T N A L I C
  L L   T   C S A T S A P
S P D L A   N   O S
G T L A I S R E V O R T N O C
A N I A W N I D M S L E
L   I B T N G P E P E I G
L   B U T E   Y I A W N I
A   B C E D   T P R A G T
N     U   R   A P T G
T Y T I L A R T U E N L U N E
L       D       P P E
Y G N I H S I B R U F E R
E N I N R U T A S
```

Puzzle #51

```
A D D E D A S S E S S O R H
D E T E K C U B D R       A
C A U T E R I Z E E O     W
S E T A N I M L U C R H   S
G O P H E R S T A H W A C E
C I R C U M S C R I B E D R
I T A L I C I Z E D K   S
G N I M M A J S   N   C
  N M E N A G E R I E   A
    I P     N S E   K   L
    H O       I H G   N   S
  O P T I M I S T G G   U
    A S         L I O   S
      L E       I H L
        D       S T
```

Puzzle #52

```
B H G S E H O R D E S P P R T
I O S R E U Y     I R U I
T U L I A H G B     X O M D
T S G A F T S N B   I T M B
E E   N I W E U A U   E E A I
R C   A T A S G R H   A G T
E L   B N R E   A   N I S
R E     E E C L   H S N
A       H T   I T   G
G N I T N I T   S I   R
  I S P I C I E R   N U E
  N S M O T H E R E D E   T
  G S S E N E S R A P S P   S
R A E W S T R O P S   T
S G N I L K N I R P S
```

Puzzle #53

Y	E	D	I	S	A	R	S	W	I	R	L	Y	E	I
A	R	Y	M	D	M	D	E	R					X	N
	S	G	L	O	E	G	E	D	E				C	V
		T	N	L	R	A	I	M	D	Y			U	E
			R	A	A	T	L	D	S	A	A		L	S
				O		C	I	I	A	A	L	P	P	T
					N		I	F	Z	R	P	B	A	I
G	U	T	T	U	R	A	L	T	I	E	A	S	T	T
V	A	P	O	R	S		U		N	E		P	E	U
R	E	A	C	T	I	V	E	T		A	D			R
C	I	T	A	M	U	E	N	P	I		R			E
M	O	N	O	M	A	N	I	A	C	C		F		S
	R	U	E	T	A	R	U	A	T	S	E	R		
R	O	M	A	N	T	I	C	A	L	L	Y			
S	T	A	G	N	A	T	E	S						

Puzzle #54

A	C	H	O	O	S	S	M	O	R	T	A	R	E	D
N	D	O	G	G	S	E	R	S	P	I	P	E	S	P
C	Y	E	N	N	N	C	S	E	T					L
I	I	R	R	F	I	I	I	A	H	N				A
E	S	N	A	A	I	S	L	L	I	S	E			T
N		P	D	N	D	R	S	L	L	L	U	P		O
T			S	I	E	N	M	U	I	A	A	L		O
E			S	A	G	L	E	T	C	F	T		B	N
S				T	R	N	P	L	R	O	L	I		
T					I		A		A	O	F	U	O	
C	O	N	F	O	R	M	I	N	G	C	T		F	N
D	E	I	D	U	T	S	E	R	T		T			
S	U	R	G	I	N	G		R		L		E		
G	N	I	L	L	I	C	N	E	T	S	Y			D

Puzzle #55

A	E	R	I	E	B	U	R	N	I	S	H	I	N	G
S	D	N	I	K	A	I	R	E	T	T	U	G		
D	E			Y		L	C	G	O	A	S	E	S	
S	E	T		I			L	I	G					
U	B	N	A		N				E	T	I	P	S	Y
	N	I	I	I	G					T	A	D		
		D	H	A	V	D	E	S	S	E	R	P	X	E
S			I	A	D	E	S	S	A	R	O	M	E	
	A			D	S	S	D		K					H
	Y	L	L	A	N	O	I	T	N	E	T	N	I	
		I				D			E					
D	E	S	S	E	T	S	O	H		L				
E	L	O	H	K	N	I	S				S			
				T										
			S											

Puzzle #56

A	A	B	C	S	A					F					
N	N	T	O	A	K	L	R	O	I	L	I	N	G		
A	S	C	T	D	C	R	A			H	I	T	H	E	R
E	K	T	E	A	E	K	O	O		G	P	S	T		
S	L	I	N	S	C	S	L	C	K	H	L	H	E		
T	M	E	C	E	T	K		E		T	A	O	N		
H	M	A	T	K	M	O		D	L	T	W	F			
E		U	T	N	I	L	R		E	E	N	O			
I			T	T	A	E	I	S		S	N		L		
S			I	O	M	R	A		S	S		D			
T				N	C	R	A	T	C	E	N				
			Y	K		R									
S	M	U	D	N	A	R	O	M	E	M	U				
S	R	E	H	P	O	S	O	L	I	H	P	C			
S	E	I	P	M	A	C	S								

Puzzle #57

```
E A K O O Z A B C D T L I T S
G C S S C R I N O L I N E S
F N N M R F E P S O O S
L   I E L E I M U H G U O
O     S I A N L U P A I T W
U       S B B O A L P D E   N
T       L O M M C M F E E D
S         I R A E L E   D
Y K C I R T N C     A N
D R O W N I N G S D   F T
N O I T C E L F U N E G
R E I K S I R     I   H
T U S H E S       S     S
                  T     I
                  S       W
```

Puzzle #58

```
A S S O C I A T I O N     E   D
B E M U S E D B E T H I N K E
D E C R I E S E         G G F
G N I T R E X E L       O U L
S T N U A L F     L       R N A
G N A R L S U O I P I     G N T
G R A S S H O P P E R R E Y E
H O U S E H O L D E R S D   D
S E S N E C N I M A C I N I M
L A N I D U T I T A L
S         E   N R U N O F F S
    L       T D E M M U R H T
    A         S   T
    N             U   A
    T             O   P
```

Puzzle #59

```
T C S N O L H T A C E D F G L
P O H C I T C A D I D   A R A
A N O U F A M I N E     K A U
T D S F C R D R H E U M E V N
R I L E A K I E F       R I D
O T   I I G S G Z F     S T R
L I     H H N   H I A     Y Y
M O       C C I   T L T
E N         D R T   E A S
N A S H A H S N A S   N E
  L R E T A W   A R A   E D
S E U D B U S     R E C   D I
O V E R N I G H T S G I E
N A T I O N A L I Z E S H R
```

Puzzle #60

```
A B D C I T A R C U A E R U B
N L A E S C O C H L E A   M
O D A S H S C O N T E S T E D
I H E I T C E J U N G L E L
N S E S T A E N P R W       O
M   F A O S R E I E E H     D
E     F L P E D S L T T E Y
N       O S M L I E L A S L
N W A R P K   O E Z B I R A K
T       C   C C I     H D R
S E I R O T S I       N   C S
E V I T O V     K       G
I M P L A C A B I L I T Y
G N I L D D O C Y L L O M
S L E N I T N E S
```

Puzzle #61

```
B B L E V A N G E L I C A L S
F I R U G N I C N A L E E R F
G O L E F S S E N I T L I U G
A N L A S N Z         H T P
R L D E T P O E       E U A
R   A E T H U L B     R F S
U     N R I E C A U   A T S
L       D   N   S S L I A
O         F   G     D N B
U N O I T A C I F I T A R G L
S P I O U S L Y L       Y E
L O B S T E R E D L
S N O I T I S O P O R P
S T A O C N I A R E D A M N U
S K I P P I N G
```

Puzzle #62

```
B C I L O H T A C H O P I N G
A L O S E N H A N C E
N I F N S T E N L A R G I N G
L C R P D E N R M A K E R
E H B A O R S T O D E D I S
    I S   U A T C T       M
    S S     T G A E C     U
    H K       L G N R E   T
    E E         A A T I R T
    D Y S R A Z T W L S D I
G N I R R E T N I S I D   E D
S E T A L E R P       N   S
S E L B B A R C S       G T
S P O U T S
```

Puzzle #63

```
A D J U R E S B C E A S E S S
C N T     A   R D         A
A D O P   U   O E         N
L S E I Y C   P A A       D
C S E T T R Y T D   D     A
U S L I S A C I L     T R L
L   G O R I S O I         H
A   I W E O R N E         I S
T     W L S H E R         N
E W A G E S Y A D V       O
D E L E C R A P M   N     C
M A N A C L I N G A   O   E
H C R A I R T A P   L   C R
L E U Q E R P D E M R O W O
G N I L I A T E R         S
```

Puzzle #64

```
A M T   O N       C       I M
S T I E   B I     R       N A
  E A B M   E H N O L Y N T L
    X M U O S Y P Q     P E I
      E O R C E S U     R R C
        S T E   I E A   E M I
D E D A V E U H   T   D A E O
D E G N O R P A C T R   C N U
F O R E W A R N S E   A H T S
E T A N I M L U F       E S L
K N A P S A C K         D H Y
K N O T T I N G N O T O R P
S D A E H R E T T E L
P R O H I B I T S L I T T E D
```

Made in the USA
Monee, IL
25 February 2024